高铁通信信号设备应用与维护

主　编　肖尚辉　张小鹏　赵永平
副主编　陈　龙　易翠英　崔晓慧　邓光利
参　编　黄礼华　龚　旭　钟和平
主　审　周　强

重庆大学出版社

内容提要

本书主要内容包括高铁通信基础设备、铁路通信网、铁路承载网等铁道通信与信息化技术专业的知识，也包括高铁信号基础设备、计算机联锁系统、列车运行控制系统、调度集中系统、信号集中监测系统等铁道信号自动控制专业的知识，涵盖面广泛。

本书既可作为高等职业本科学校、高职高专院校铁路相关专业课程的教材，也可作为铁路相关企业职工拓展学习的参考用书。

图书在版编目(CIP)数据

高铁通信信号设备应用与维护 / 肖尚辉，张小鹏，

赵永平主编. -- 重庆 : 重庆大学出版社，2025. 8.

ISBN 978-7-5689-5183-8

Ⅰ. U238

中国国家版本馆 CIP 数据核字第 2025X31U35 号

高铁通信信号设备应用与维护

GAOTIE TONGXIN XINHAO SHEBEI YINGYONG YU WEIHU

主 编 肖尚辉 张小鹏 赵永平

策划编辑:苟荟羽

责任编辑:杨育彪 版式设计:苟荟羽

责任校对:刘志刚 责任印制:张 策

*

重庆大学出版社出版发行

社址:重庆市沙坪坝区大学城西路 21 号

邮编:401331

电话:(023)88617190 88617185(中小学)

传真:(023)88617186 88617166

网址:http://www.cqup.com.cn

邮箱:fxk@cqup.com.cn(营销中心)

全国新华书店经销

重庆正文印务有限公司印刷

*

开本:787mm×1092mm 1/16 印张:13.25 字数:307 千

2025 年 8 月第 1 版 2025 年 8 月第 1 次印刷

ISBN 978-7-5689-5183-8 定价:49.80 元

FOREWORD 序

在科技飞速发展的当今时代，高速铁路凭借其高效、快捷、安全的显著优势，在我国现代交通运输体系中脱颖而出，成为坚实可靠的中流砥柱。而高速铁路通信信号系统作为列车安全稳定、高效运行的核心命脉，其重要性不言而喻。它默默地守护着每一趟列车平稳驰骋，与万千旅客的生命财产安全紧密相连，在助推铁路行业的智能化、现代化进程方面发挥着不可估量的战略作用。

本书紧跟行业发展前沿，聚焦于高速铁路通信信号系统的核心知识与关键技术。精心编排了六大项目共18个典型真实案例应用实践任务，内容涵盖了从基础设备的认知与识别，到高速铁路通信信号系统的应用与维护等各个方面，层次分明、由浅入深。在高铁通信网应用部分，本书系统且全面地梳理了从基础设备搭建到承载网架构、行车通信业务部署的完整技术体系，助力读者深刻理解通信技术如何为铁路运营筑牢坚实的安全防线。在高铁信号系统部分，对信号基础设备、计算机联锁系统、列车运行控制系统等模块进行了细致入微的剖析，使读者能够系统掌握从设备维护到系统应用的全流程专业知识。

作为"高速铁路综合维修技术"等相关专业的参考教材，本书为教育工作者和学生构建起清晰完整的知识框架，为理论教学与实践操作提供了科学系统的指导；对于奋战在铁路一线的技术人员而言，它更是解决实际工作中技术难题的"智囊宝典"，有助于快速提升其在高速铁路通信信号领域的业务能力。

衷心期待本书能成为读者打开高速铁路通信信号系统知识宝库的金钥匙，助力更多有志之士深入探索这一领域，为我国高速铁路事业的蓬勃发展注入源源不断的动力，共同见证和推动中国高铁在通信信号技术领域的持续创新与进步！

梁宏斌　工学博士
西南交通大学教授、博士生导师
西南交通大学先进交通应用创新中心主任
中国科学院信息工程研究所博士后
中国通信学会车联网（四川）创新助力中心主任
2025 年 1 月

PREFACE 前　言

本书主要适用于"高铁通信与信号设备构造与维护"课程的教学,该课程是高速铁路综合维修技术专业的一门专业核心课程,主要内容既包括高铁通信基础设备、铁路通信网、铁路承载网等铁道通信与信息化技术专业的知识,也包括高铁信号基础设备、计算机联锁系统、列车运行控制系统、调度集中系统、信号集中监测系统等铁道信号自动控制专业的知识,涵盖面非常广泛。为了满足该课程的教学需要,本书编写团队结合长期教学经验,联合多位企业专家,融合多年来课程建设改革的成果,编写了这本理论知识够用,突出应用维护,且有助于学生自主学习的案例式、活页式教材。

本书主要特色如下:

(1)采用"教学做一体化"设计理念,突出"做中学",注重自我评价,提升学习动力,真正实现"项目引领、任务驱动"。

(2)采用"案例导入式"教学模式,每个任务均由铁路实际案例导入,校企双元编写,以铁路现场真实案例为依托,将当前新方法、新技术、新工艺、新标准作为关键素材有效融入书中相应任务。

(3)采用"活页式"新形态,根据铁路通信信号技术的变革情况,结合铁路现场设备的发展动态,可实时更新书中相关内容。

(4)融入"1+X"证书制度改革成果,助力复合型技术技能人才培养。

(5)思政主线明确,引入"真实生产案例"强化安全意识,引进"励志人物故事"树立职业理想及保障通信安全、保证信号可靠、立志技能报国、增强持续打造"中国高铁"亮丽名片的责任心。

(6)配套资料齐全,已建成精品在线开放课程并投入运行,建有电子课件、练习题库、二维动画、虚拟仿真等资源,满足线上线下混合式教学需求。

(7)注重教材适用性,在总体结构上力求简明,项目内容安排上既注重课程体系连贯性,又保持一定独立性,以适应不同的教学要求和学时安排。

本书由四川铁道职业学院肖尚辉博士/教授、张小鹏副教授,中国铁路成都局集团有限公司赵永平高级工程师担任主编;四川铁道职业学院陈龙讲师、易翠英讲师、崔晓慧讲师、邓光利讲师担任副主编;中国铁路成都局集团有限公司黄礼华高级工程师、汉巴南城际铁路有限责任公司龚旭高级工程师、中国铁路成都局集团有限公司钟和平工程师参与编写。本书共分为六个项目,由肖尚辉、张小鹏牵头策划全书结构,并组织一线骨干教师和行业企业专家共同编写以及交叉复核;肖尚辉与邓光利共同负责编写完成项目一、陈龙与黄礼华共同负责编写完成项目二、张小鹏与赵永平共同负责编写完成项目三和项目六、易翠英与龚旭共同负责编写完成项目四、崔晓慧与钟和平共同负责编写完成项目五;肖尚辉、张小鹏、赵永平负责全书统稿,中国铁路成都局集团有限公司周强高级工程师负责审核定稿。

　　本书既可以作为高等职业本科学校、高职高专院校高速铁路综合维修技术专业"高铁通信与信号设备构造与维护"核心课程的教材,也可作为铁路其他相关专业对通信信号基础知识的综合学习,诸如铁道机车运用与维护、铁道供电技术、铁道交通运营管理、铁道工程技术、城市轨道交通供配电技术等主要专业,还可作为铁路相关企业职工拓展学习的参考书籍。

　　本书在编写过程中,参考了部分已有的文献资料以及铁路现场应用素材,对其相应的作者和素材提供者一并表示衷心的感谢。

　　由于编写团队水平有限,加之铁路通信信号技术发展迅速,书中难免存在疏漏,恳请广大读者批评指正。

编　者

2025 年 1 月

CONTENTS 目 录

项目一
高速铁路通信网应用

📖 项目情境

随着高速铁路网络的不断完善和旅客出行需求的逐渐变化,高速铁路通信系统的市场需求也逐步增加。高速铁路通信系统在提供高质量、高效率的通信服务方面具有巨大的潜力。5G 技术的低时延、高带宽特性为高速铁路通信系统提供了更加稳定、快速的通信支持。随着 5G-R 技术应用的推进,高速铁路通信系统将迎来更大的发展机遇。同时,智慧高铁将提供更加个性化的服务,以满足人们对高品质、高效率轨道交通服务的需求。

📖 项目导学

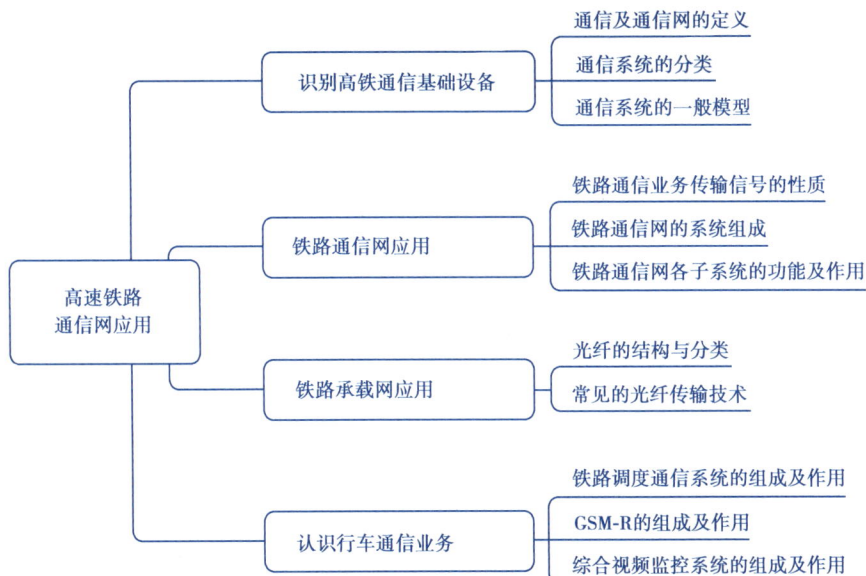

高速铁路通信网应用
- 识别高铁通信基础设备
  - 通信及通信网的定义
  - 通信系统的分类
  - 通信系统的一般模型
- 铁路通信网应用
  - 铁路通信业务传输信号的性质
  - 铁路通信网的系统组成
  - 铁路通信网各子系统的功能及作用
- 铁路承载网应用
  - 光纤的结构与分类
  - 常见的光纤传输技术
- 认识行车通信业务
  - 铁路调度通信系统的组成及作用
  - GSM-R的组成及作用
  - 综合视频监控系统的组成及作用

📖 项目学习指导

本项目着重介绍高铁通信网基础知识,主要包括铁路通信的基本原理、铁路通信网组成及应用两大部分。读者需具备一定的电子技术、电工基础、计算机网络等基础知识,才能更好地理解和掌握各设备的工作过程,完成日常维护与调试工作。

📖 励志人物

彭菲:人工智能算法中的巾帼工匠

"我在工作中追求完美,最不能容忍错误和问题,只要发现一个问题,就总想着怎么解决。"正是这种专注,让彭菲总在敲击代码时,不知不觉忘记了时间。

2010 年,走出清华大学校门的彭菲开始了对生物特征识别领域的探索。当时,人脸识别技术在中国的应用刚刚起步,国产芯片的速度无法满足高强度的算力需求。而这,却是彭菲与同事们必须攻克的难题。无数次失败,无数次从零开始,彭菲夜以继日地沉浸在代码世界之中。

在可见光人脸识别算法研发中,她攻关前端技术、人脸防伪、遮挡识别等多项实际应用难题,算法通过多个权威机构认证,相关产品应用于 APEC 峰会、G20 峰会、北京马拉松等多项大型活动。

2020 年 2 月,她们在国内首批推出解决口罩难题的深度学习人脸识别算法,速度达到毫秒级,人脸识别准确率超过 99.99%。彭菲不断提升算法极限,从红外光到可见光,从单一环境到复杂环境,从生物特征识别到环境视频分析,彭菲向着算法的极限不断发起挑战。

十多年来,彭菲先后从事人脸识别、生物特征识别、智能视频分析、多模态大模型等多项人工智能算法的研发和创新工作,产品应用场景涉及公安、教育、工地和安防等多个领域,创造了近十亿元经济效益,并取得良好的社会效益。

2023 年 4 月,彭菲荣获"2023 年全国五一劳动奖章"。

2024 年 3 月,彭菲被评选为 2023 年"大国工匠年度人物"。

📖 生产案例

××铁路列车脱轨事故

1. 事故概况

××年 3 月 30 日 11 点 40 分许，××次列车途经××铁路××路段时，因附近山体滑坡，列车撞上塌方体而中断行车。

2. 事故经过

发现塌方后，××次列车司机采取紧急制动措施，列车撞上塌方山体，导致机后第一节发电车起火，第二至六节车厢脱线倾覆。经铁路部门和地方消防救援人员扑救，发生事故的列车发电车火灾被扑灭。

有 31 趟列车受事故影响而晚点，铁路部门采取调整线路迂回运行等方式组织开行。

任务 1　识别高铁通信基础设备

擅自在安全保护区内进行施工造成信号电缆损伤事故

1. 事故概况

××年 10 月 21 日,中国铁路××局集团有限公司××供电段未经铁路电务设备管理单位同意且未签订安全协议,擅自在××线安全保护区内进行施工,施工中造成信号电缆损伤,构成铁路交通一般事故。

2. 事故处罚

××铁路监督管理局根据《铁路安全管理条例》《违反〈铁路安全管理条例〉行政处罚实施办法》的规定,对该供电段作出责令改正,处 6 万元罚款的行政处罚。

信号电缆埋设距离

任务描述

通信系统的基石是信号的传输,包括模拟信号和数字信号,通过电缆、光纤、空气(无线通信)等不同的媒介进行传输。这些媒介都有其特定的传输特性和限制,如带宽、衰减和噪声等。

任务目标

知识目标:

1. 描述通信及通信网的定义。

2. 描述通信系统的分类。

3. 描述通信系统的一般模型。

4. 总结通信系统的工作方式。

技能目标:

1. 区别模拟通信系统与数字通信系统。

2. 展示说明通信系统的工作方式。

素养目标:

培养良好的团队合作精神。

任务分析

重点：

1. 通信及通信网的定义。

2. 通信系统的一般模型。

难点：

通信系统的工作方式。

任务基础

1. 基本概念

（1）信息

信息是指通过一定形式（如语言、文字、图像、声音等）传递能够表达某种意义或内容的数据或消息，是人类社会交流、认知、决策和行动的基础。

信息不能独立存在，必须依附于某种载体（如纸张、电子设备等）才能被传递和存储。信息可以通过各种局域网络、互联网等媒介快速传输和扩散，并且可以转化成不同的形态，由不同的载体来存储。

（2）信号

信号是表示消息的物理量，从广义上讲，它包含光信号、声信号和电信号等，如电信号可以通过幅度、频率、相位的变化来表示不同的消息。信号是消息的载体，消息是靠信号来传递的。

信号按取值特征分为模拟信号和数字信号。模拟信号是指信号波形随信息的变化而变化，其幅度是连续的，可取无限多个值。数字信号不仅在时间上是离散的，在幅度上也是离散的，只能取有限个值。

（3）通信

通信是传递信息的手段，它将信息从发送器传送到接收器，信息可以是语音、文字、符号、音乐、图像等。任何一个通信系统，都是从信源向信宿传送信息，通信的目的是完成信息的传输和交换。

2. 通信系统

（1）通信系统模型

"点到点"通信系统的一般模型如图 1-1-1 所示。

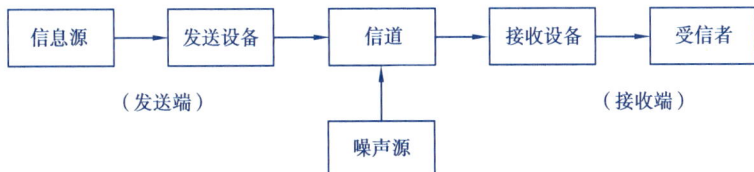

图 1-1-1 "点到点"通信系统的一般模型

信息源简称信源,分为模拟信源和数字信源,可以把各种消息转换成原始电信号。发送设备产生适合于在信道中传输的信号,信道是将该信号传送到接收端的物理媒质,噪声源集中表示分布于通信系统中各处的噪声,接收设备从受到减损的接收信号中正确恢复出原始电信号。受信者也称为信宿,把原始电信号还原成相应的消息。

(2)通信系统分类

①通信系统按通信业务分为电话通信系统、数据通信系统、图像通信系统、会议通信系统、多媒体通信系统。

②通信系统按调制方式分为基带通信系统和频带通信系统。

③通信系统按信号特征分为模拟通信系统和数字通信系统。

模拟信号和数字信号可以互相转换,任何一个消息既可以用模拟信号表示,也可以用数字信号表示。

在模拟信号(图1-1-2)中,代表消息的信号参量取值是连续的,如麦克风输出电压。

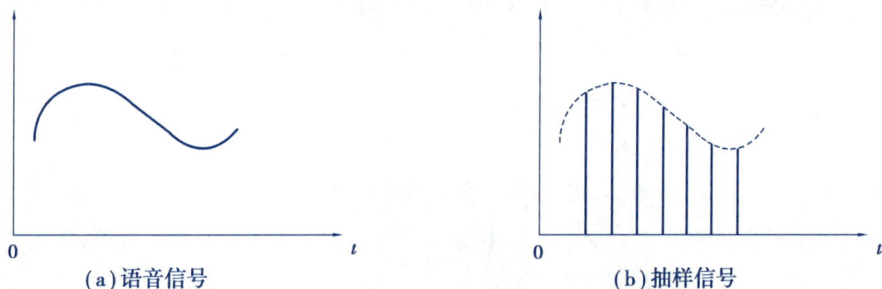

(a)语音信号 (b)抽样信号

图 1-1-2　模拟信号

在数字信号(图1-1-3)中,代表消息的信号参量取值为有限个,如电报信号、计算机输入输出信号。

模拟通信系统利用模拟信号传递信息,其模型如图1-1-4所示。

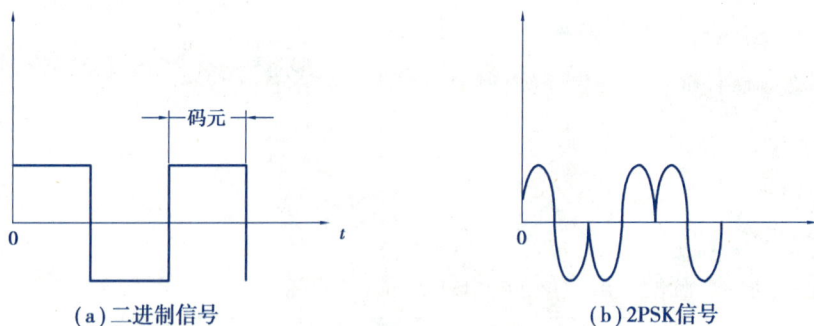

(a)二进制信号 (b)2PSK信号

图 1-1-3　数字信号

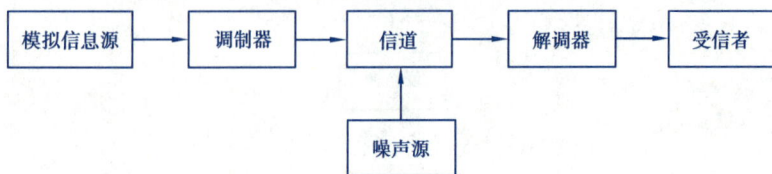

图 1-1-4　模拟通信系统模型

数字通信系统利用数字信号传递信息,其模型如图 1-1-5 所示。

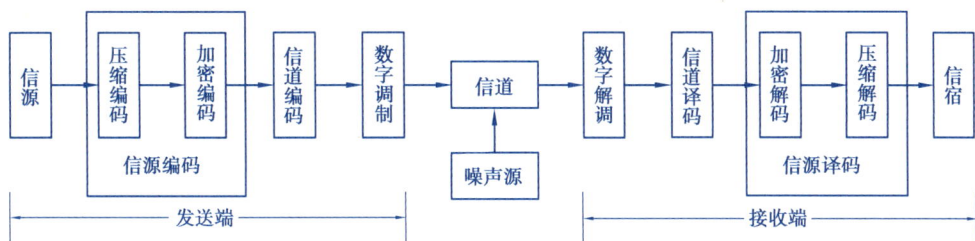

图 1-1-5 数字通信系统模型

数字通信系统的优点主要有:噪声不积累、抗干扰能力强;传输差错可控;便于处理、变换、存储;便于将来自不同信源的信号综合到一起传输;易于集成,使通信设备微型化,质量轻;易于加密处理,保密性好。缺点在于,需要较大的传输带宽;对同步要求高。

④通信系统按传输媒介分为有线通信系统和无线通信系统。

3. 通信方式

①根据信号传送方向与时间之间的关系,通信方式分为单工、半双工和全双工。

在单工通信中,消息只能单方向传输,如图 1-1-6 所示。

图 1-1-6 单工通信

在半双工通信中,双方都能收发消息,但不能同时收发,如图 1-1-7 所示。

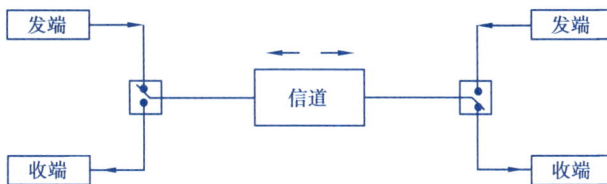

图 1-1-7 半双工通信

在全双工通信中,双方可同时收发消息,如图 1-1-8 所示。

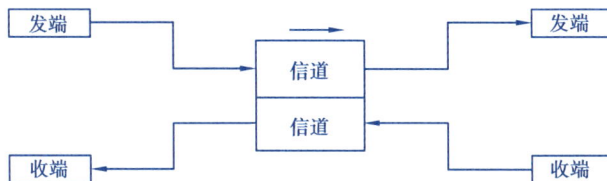

图 1-1-8 全双工通信

②在数字通信中,按照数字信号码元排列方式不同,可分为并行传输与串行传输。

在并行传输中,将代表信息的数字信号码元序列以成组的方式在两条或两条以上的并行信道上同时传输,如图 1-1-9 所示。其优点是节省传输时间,速度快,不需要字符同步措施;缺点是需要通信线路数量多,成本高。

图 1-1-9　并行传输

在串行传输中,将数字信号码元序列以串行方式一个码元接一个码元地在一条信道上传输,如图 1-1-10 所示。其优点是只需一条通信信道,节省线路铺设费用;缺点是速度慢,需要外加码组或字符同步措施。串行传输只需要一条传输信道,传输速度远远慢于并行传输,但易于实现、成本低,是目前采用的主要传输方式。

图 1-1-10　串行传输

4. 通信系统主要性能指标

通信系统最主要的性能指标是传输信息的有效性和可靠性。有效性是指传输一定信息量所占用的信道资源,是传输"速度"的问题;可靠性是指接收信息的准确程度,是传输"质量"的问题。有效性和可靠性是相互矛盾的,要求传输速度高,质量就差一些;要求传输质量好,则速度就会受到限制。

模拟通信系统的有效性用有效传输频带来衡量,可靠性用接收端解调器输出信噪比来衡量。数字通信系统的有效性指标是传输速率和频带利用率,可靠性指标是传输差错率。

5. 通信网的概念

依靠由传输媒介组成的网络完成信息传输和交换,实现众多用户之间的相互通信,就构成了通信网络,通常称为通信网。

通信网从功能上划分为终端设备、交换设备和传输系统。终端设备包括电话机、传真机等各类用户终端;交换设备包括各类交换机和交叉连接设备;传输系统包括用户线路、中继线路和信号转换设备。

通信网正常运作需要相应的支撑网络,支撑网络主要包括同步网、信令网、电信管理网(网管网)三种类型。同步网保证网络中的各节点同步工作;信令网是通信网的神经系统,利用各种信令完成相应的控制功能,保证通信网络正常运作;电信管理网完成电信网和电信业务的性能管理、配置管理、故障管理、计费管理、安全管理等功能。

6.5G-R 系统

5G-R 系统主要承载未来铁路特别是高速铁路列车控制、指挥调度通信等铁路核心业务,是保障铁路行车安全、顺畅的关键性基础设施。而无线电频率是铁路无线通信系统车地通信的唯一信息载体,是保障铁路安全运行不可或缺的基础性资源。

2023 年,工业和信息化部向中国国家铁路集团有限公司批复了基于 5G 技术的铁路新一代移动通信系统(5G-R)试验频率,支持其开展 5G-R 系统外场技术试验,持续推动铁路通信事业高质量发展。该试验频率的批复,有利于加快 5G-R 系统在铁路行业的推广应用,有效解决了目前基于 2G 技术的铁路无线通信系统(GSM-R)面临的诸多现实困难和技术难题;有利于为产业界明确方向坚定信心,加快形成完整、成熟的 5G-R 产业链,推动我国无线电产业高质量发展;有利于进一步提升我国铁路信息化、智能化水平,提高我国铁路自主创新能力,并为世界高速铁路发展共享中国智慧,贡献中国方案。

国家铁路局印发《铁路无线电频率使用许可实施细则》,自 2024 年 2 月 1 日起施行。

思想政治素养养成

通信系统在实际应用中分为终端设备、传输系统、交换设备等,各设备之间相互配合,共同完成信息的传递和交换。通过学习和思考,养成良好的团队合作精神。

任务分组

初步按照每 4 位同学为一个小组,填写任务分组表。

任务分组表

组号				小组 LOGO	
组名					
组训					
团队成员	学号	角色指派	职责		
		组织者	任务组长,组织成员高效完成本次任务		
		演讲者	对各知识点进行解读、讲述		
		聆听者	倾听,积极参与交流,发表自己的想法		
		摄影师	拍摄记录本次任务实施过程中的关键环节		

说明:任务实施过程中,采用小组轮值制度,成员轮值担任各个角色,每位同学都可以锻炼组织管理能力、语言表达能力、聆听交流能力、拍摄记录能力。通过小组协作,实现团队合作、互帮互助、共同学习

任务实施

工作任务单

组号：_____ 姓名：_____ 学号：_____ 检索号：___1-1-1___

步骤引导：

1. 描述通信系统的分类。

2. 描述通信系统的一般模型。

3. 描述数字通信系统模型及其相关特点。

4. 描述通信系统的主要性能指标。

完成情况：

步骤	理论（简要写出）	实践（已完成则打√）
1		
2		
3		
4		

任务评价

任务评价单 1

组号：_____ 姓名：_____ 学号：_____ 检索号：1-1-2

个人自评表

班级		组号		日期	
评价指标	评价内容			分值	分数评定
信息检索能力	能有效利用互联网资源、图书馆资源查找有用的信息；能有效解决实际问题			10 分	
感知课堂生活	熟悉通信工工作岗位，认同工作价值；在学习中能获得满足感			10 分	
参与态度	组织者角色：认真思考、组织、管理			20 分	
	演讲者角色：认真梳理、表达、讨论				
	聆听者角色：认真聆听、积极讨论				
	摄影师角色：认真参与、及时记录				
知识、能力获得情况	1. 能正确描述通信的定义			10 分	
	2. 能正确描述数字通信系统模型组成特点			20 分	
	3. 能说出通信中通信方式及其特点			10 分	
	4. 能说出通信中信息的传输方式及其特点			10 分	
	5. 能正确说出通信系统的主要性能指标			10 分	
自评分数					
保持与发扬之处					
思考与提升之处					

任务评价单2

组号：_____ 姓名：_____ 学号：_____ 检索号：__1-1-3__

任务名称	任务1　识别高铁通信基础设备				
评价依据	工作任务单完成情况				
序号	评价内容		分值	评分标准	分数评定
1	通信的定义	描述正确	5分	缺一个要点扣2分	
		思路清晰	5分	酌情评分	
2	通信系统模型组成特点	描述正确	5分	缺一个要点扣2分	
		思路清晰	5分	酌情评分	
3	通信方式及其特点	描述正确	10分	缺一个要点扣5分	
		思路清晰	10分	酌情评分	
4	信息传输方式及其特点	描述正确	10分	缺一个要点扣2分	
		表达流畅	10分	酌情评分	
5	通信系统性能指标	描述正确	10分	错误一处扣2分	
		思路清晰	10分	酌情评分	
6	素质素养评价	沟通交流能力	20分	酌情评分。违反课堂纪律,不听从组长、教师安排,不得分	
		团体意识			
		课堂纪律			
		合作探学			
		自主研学			
		团队合作			
评价分数					

任务评价单3

组号：_____ 姓名：_____ 学号：_____ 检索号：__1-1-4__

总体评价表

姓名		学号		日期	
评价维度	评价主体	评价分数	比例	总分评定	
1	学生自评		40%		
2	企业导师评价		10%		
3	指导教师评价		50%		
说明:如企业导师未对该小组进行评价,则指导教师评价所占比例调整为60%					
优点					
待提升点					

任务提高

一、填空题

1. 按照信号传输媒介可以将通信系统分为(　　　)和(　　　)系统。

2. 代表消息的信号参量取值连续指的是(　　　),代表消息的信号参量取值为有限个,例如电报信号、计算机输入输出信号,指的是(　　　)。

3. 将代表信息的数字信号码元序列以成组的方式在两条或两条以上的并行信道上同时传输指的是(　　　)。

4. 错误码元数比上传输总码元数称为(　　　)。

二、判断题

(　　　)1. 有效性是指接收信息的准确程度,也就是传输的"质量"问题。

(　　　)2. 比特率(信息传输速率)Rb 的定义为单位时间内传递的信息量,单位为比特/秒,简记为 bit/s 或 b/s。

任务2　铁路通信网应用

"6·4"××线列车与作业人员相撞铁路交通较大事故

1. 事故概况

××年6月4日1时25分,××工务机械段机械化清筛一车间工长、班长组织3名安全防护员(劳务人员)、14名作业人员(劳务人员)到达××站××上行线330 km 700 m封闭网内路肩处等候施工作业。1时45分接到施工封锁命令通知后,错认作业位置,作业组19人越过上行线路,在未封锁的下行线上道进行线路整理作业。1时54分28秒,由××站开往××站的42109次货运列车以75 km/h的速度通过车站I道,司机发现运行前方线路有作业人员后采取紧急制动措施,列车在制动过程中与正在作业的人员相撞。

2. 事故反思

工长、班长及安全防护员未履行岗位安全职责,在跨越上行线路时没有按照规定与驻站联络员进行联系确认,在未辨别确认线路行别的情况下盲目组织上道作业。在错认施工线路行别,并认为线间距符合不停止作业条件的情况下,虽然多次通过联控得到下行列车接近信息,并听到机车鸣笛,但都以为是邻线来车且不需下道避车。

该作业组为第一次到该地点进行作业,对线路设备不熟悉;××工务机械段对作业现场上道位置和径路交底不彻底,未安排熟悉现场情况的人员跟班盯控;××工务机械段也未安排人员对此处作业进行施工监护。

铁路通信网是覆盖铁路的、统一的、完整的专用通信网,是重要的基础设施,是保障铁路运输安全、提高效率的重要工具,为铁路运输组织、生产指挥和经营管理提供语音、数据和图像通信业务。铁路通信应符合国家、铁道行业的有关技术标准和质量要求,确保全程全网安全、可靠、迅捷、畅通。

任务目标

知识目标：

1. 描述铁路通信业务传输信号的性质。

2. 总结铁路通信网的系统组成。

3. 总结铁路通信网各子系统的功能及作用。

4. 描述铁路通信的特点。

技能目标：

1. 展示说明铁路通信网的系统组成。

2. 识别铁路通信网重要子系统的功能及作用。

素养目标：

形成相互配合的协作意识。

任务分析

重点：

1. 铁路通信网的系统组成。

2. 铁路通信网各子系统的功能及作用。

难点：

铁路通信网重要子系统的功能及作用。

任务基础

1. 铁路通信业务

铁路通信业务按照传输信号的性质可分为语音业务、数据业务和图像业务。语音业务包括普通电话和专用电话,数据业务包括调度集中系统、列车运行控制系统、安全监控、系统办公管理等,图像业务包括会议电视业务和综合视频监控图像传送业务等。

2. 铁路通信网构成

（1）系统组成

铁路通信网主要由承载网、业务网和支撑网组成,满足各铁路通信业务和信息传送的需求。

承载网包括传输网和数据通信网。传输网提供多种速率、类型的通信通道,对重要业务通道进行保护,重要业务节点的系统和设备采用冗余配置。数据通信网为铁路运输组织、客货营销、经营管理等信息系统和综合视频监控、会议电视、应急通信、GPRS（General Packet Radio Service）、旅游服务等业务提供承载平台。数据通信网中的重要节点设备采用冗余配置,其设备间的连接采用不同的物理路由。

业务网主要包括调度通信、数字移动通信 GSM-R(Global System for Mobile Communications-Railway)、会议通信、综合视频监控、应急通信等,提供调度电话、车站电话、站间行车电话等业务。

支撑网主要包括时钟及时间同步系统、电源及机房环境监控系统、网元管理和综合网管系统,根据需要可设置光纤监测、铁塔监测、GSM-R 接口监测等系统。

(2)铁路数字移动通信系统 GSM-R

GSM-R 是欧洲铁路综合调度移动通信系统的简称,是专门为铁路通信设计的综合专用数字移动通信系统。系统基于 GSM 的基础设施及其提供的高级语音呼叫业务,提供铁路特有的调度业务,并以此为信息化平台,使铁路部门在平台上实现铁路管理信息的共享。

GSM-R 包括核心网、无线网和运维支撑系统。核心网由移动交换子系统 SSS(Switching Sub-System)、移动智能网子系统 IN(Intelligent Network)、通用分组无线业务子系统 GPRS、分组域数据传输接口设备等组成。无线网设备包括基站控制器 BSC(Base Station Controller)、分组控制单元 PCU(Packet Control Unit)、码型变换和速率适配单元 TRAU(Transcoder and Rate Adaptation Unit)、基站 BTS(Base Transceiver Station)、无线通信中继设备、天馈线、漏泄电缆等。

3. 铁路通信的特点

铁路专用通信网利用通信和网络技术的发展成果,结合了铁路各专用业务的应用,具有以下特点。

①高效指挥控制能力。采用了冗余保护等多种方式来提高指挥控制能力。

②实时系统响应能力。具有严格的障碍修复时限和快速的业务开通时限。

③高度安全防护能力。采用了网络隔离、防火墙、认证等方式防止入侵和篡改,增加了语音记录、操作日志记录等功能完成相关内容和事件的记录。

④灵活机动重组能力。在突发事件和自然灾害情况下,站内 1 h 内、区间 2 h 内可提供应急通信保障。

⑤按需资源共享能力。按照各业务需要提供多种接入和共享方式。

⑥多种业务应用能力。为多种业务的应用提供组网和接入。

随着通信技术的发展,铁路通信网已逐渐告别模拟通信和窄带通信时代,以高可靠、高性能、高效率为目标,朝着数字化、网络化、智能化的方向发展。

思想政治素养养成

铁路通信网是由承载网、支撑网、业务网组成,三者互相配合共同完成铁路运输相关的通信服务,缺一不可。加深对通信网实际应用的认识,形成相互配合的协作意识。

任务分组

初步按照每 4 位同学为一个小组,填写任务分组表。

任务分组表

组号				小组 LOGO	
组名					
组训					
团队成员	学号	角色指派		职责	
		组织者		任务组长,组织成员高效完成本次任务	
		演讲者		对各知识点进行解读、讲述	
		聆听者		倾听,积极参与交流,发表自己的想法	
		摄影师		拍摄记录本次任务实施过程中的关键环节	
说明:任务实施过程中,采用小组轮值制度,成员轮值担任各个角色,每位同学都可以锻炼组织管理能力、语言表达能力、聆听交流能力、拍摄记录能力。通过小组协作,实现团队合作、互帮互助、共同学习					

任务实施

工作任务单

组号:_____　姓名:_____　学号:_____　检索号:_1-2-1_

步骤引导:

1.识别铁路通信网的构成。

2.描述铁路承载网的特点。

3.描述铁路支撑网的特点。

4.描述铁路业务网中各子系统的功能、作用。

5.描述铁路通信的特点。

完成情况:

步骤	理论(简要写出)	实践(已完成则打√)
1		
2		
3		
4		
5		

任务评价

任务评价单1

组号：＿＿＿＿　姓名：＿＿＿＿　学号：＿＿＿＿　检索号：＿1-2-2＿

个人自评表

班级		组号		日期	
评价指标	评价内容			分值	分数评定
信息检索能力	能有效利用互联网资源、图书馆资源查找有用的信息；能有效解决实际问题			10分	
感知课堂生活	熟悉通信工工作岗位，认同工作价值；在学习中能获得满足感			10分	
参与态度	组织者角色：认真思考、组织、管理			20分	
	演讲者角色：认真梳理、表达、讨论				
	聆听者角色：认真聆听、积极讨论				
	摄影师角色：认真参与、及时记录				
知识、能力获得情况	1. 能正确描述铁路通信网构成			10分	
	2. 能正确描述铁路承载网及其特点			10分	
	3. 能正确描述铁路支撑网及其特点			20分	
	4. 能正确描述铁路业务网各子系统的功能、作用			20分	
自评分数					
保持与发扬之处					
思考与提升之处					

任务评价单 2

组号：_____　姓名：_____　学号：_____　检索号：__1-2-3__

指导教师评价表

任务名称	任务 2　铁路通信网应用				
评价依据	工作任务单完成情况				
序号	评价内容		分值	评分标准	分数评定
1	铁路通信网构成	描述正确	10 分	缺一个要点扣 2 分	
		思路清晰	10 分	酌情评分	
2	铁路承载网组成	描述正确	10 分	缺一个要点扣 2 分	
		思路清晰	10 分	酌情评分	
3	铁路支撑网组成	描述正确	10 分	缺一个要点扣 5 分	
		思路清晰	10 分	酌情评分	
4	铁路业务网主要子系统	描述正确	10 分	缺一个要点扣 2 分	
		表达流畅	10 分	酌情评分	
5	素质素养评价	沟通交流能力	20 分	酌情评分。违反课堂纪律,不听从组长、教师安排,不得分	
		团体意识			
		课堂纪律			
		合作探学			
		自主研学			
		协作意识			
评价分数					

任务评价单3

组号：_____　姓名：_____　学号：_____　检索号：__1-2-4__

总体评价表

姓名		学号		日期	
评价维度	评价主体	评价分数	比例	总分评定	
1	学生自评		40%		
2	企业导师评价		10%		
3	指导教师评价		50%		
说明：如企业导师未对该小组进行评价，则指导教师评价所占比例调整为60%					
优点					
待提升点					

任务提高

一、填空题

1. 铁路通信网主要由承载网、业务网和（　　　　）组成。

2. GSM-R 无线网设备包括（　　　　）、分组控制单元（PCU）、码型变换和速率适配单元（TRAU）、（　　　　）、无线通信中继设备、天馈线、漏泄电缆等。

3. 铁路（　　　　）是铁路各种语音、数据和图像等通信信息的基础承载平台。

4. （　　　　）是供调度指挥中心、调度所的调度员与其所管辖区内有关运输生产人员之间业务联系使用的专用电话通信系统。

二、判断题

（　　）1. 铁路传输网、数据网、数字调度通信系统均属于铁路承载网。

（　　）2. 铁路专用通信网采用了冗余保护等多种方式来提高指挥控制能力。

任务 3　铁路承载网应用

任务导入

"3·8"××线列车脱轨铁路交通较大事故

1. 事故概况

××年 3 月 8 日 21 时 28 分,××县境内,一辆重型自卸货车沿××乡道自东向西运行中,因该车行驶时未将车厢按规定降下,升起的车厢碰撞××线××站至××站间 K60+807 处铁路桥梁,造成该桥梁体翻转倾斜,线路变形,致正常运行通过的××次货运列车牵引机车及机次第一位车辆脱轨,机车脱轨后坠落至桥下,中断行车 47 小时 38 分,直接经济损失达 797.93 万元。

2. 事故反思

涉事车辆驾驶员违反《中华人民共和国道路交通安全法》规定,在卸空砂石后未按操作规范降下车厢并进行确认,致使车厢高度超出铁路桥梁安全限高,与铁路桥梁相撞,造成铁路桥梁翻转倾斜,导致列车脱轨。涉事车辆使用单位××公司对驾驶员培训教育流于形式,对车辆日常安全检查不到位,车辆出场安全检查卡控制度缺失,未及时修复自卸车升降液压报警装置故障,车辆长期带病作业,安全管理制度落实不到位,是造成本起事故的主要原因。涉事车辆登记所有人××公司安全管理制度不健全,制度落实不到位,是造成本起事故的次要原因。

任务描述

铁路通信承载网是铁路通信网的基础,实现终端与终端之间、系统与终端之间、系统与系统之间的联通。提供调度通信、视频监控、视频会议等通信业务,是列车调度指挥系统、牵引供电远动系统等控制系统的重要组成部分;是客票、货票等生产系统的有效支撑;是车辆5T、供电6C、信号集中监测等检测监测系统的信息传输通道;是综合办公、财务结算等管理系统不可或缺的组成部分,在应用中心和用户终端之间发挥着纽带作用。

任务目标

知识目标:

1. 描述光纤的结构与分类。

2. 描述铁路传输系统的组成。

3. 总结常见的光纤传输技术。

4. 描述 SDH/MSTP/WDM/OTN 光传输技术的内涵。

5. 描述铁路数据通信网的组成。

技能目标:

1. 识别常见的不同类型的光纤连接器。

2. 识别铁路传输系统的组成结构。

3. 展示说明 SDH 与 OTN 传输技术的特点与应用。

素养目标:

形成遵章守纪的工作态度。

任务分析

重点:

1. 光纤的结构与分类。

2. 铁路传输系统的组成。

3. 常见的光纤传输技术。

难点:

SDH/MSTP/WDM/OTN 光传输技术的内涵。

1. 光缆线路

光缆线路是光信号的传输媒介,是构成光纤通信网的重要组成部分。利用光缆线路可将沿线分布的通信设备连接成一个整体,构成完整、灵活、可靠的铁路通信网,提供安全畅通、稳定可靠的信息传输通道。

(1)光纤的结构

光纤由纤芯、包层和涂覆层三部分组成,如图 1-3-1 所示。仅由纤芯和包层构成的光纤称为裸光纤,简称裸纤。在裸纤外面进行二次涂覆后形成的光纤称为光纤芯线,简称光纤。实际应用中的光纤即为带涂覆层的光纤。

图 1-3-1　光纤的结构

(2)光纤的分类

按照折射率分布的不同,光纤可分为阶跃型光纤和渐变型光纤。阶跃型光纤 SIF(Step Index Fiber)信号畸变大,渐变型光纤 GIF(Graded Index Fiber)信号畸变小。

按照传导模式数量的不同,光纤可分为单模光纤和多模光纤。单模光纤 SMF(Single Mode Fiber)中只传输基模一种模式,信号畸变小,适用于长距离、大容量的光纤通信系统;多模光纤 MMF(Multi Mode Fiber)中存在多个传导模式,信号畸变大,适用于中距离、中容量的光纤通信系统。

(3)光纤连接器

光纤连接器用于连接两根光纤形成光通路,是传输系统不可缺少的、可重复使用的无源器件,广泛应用于光纤配线架 ODF(Optical Distribution Frame)和光纤测试仪器仪表。

光纤连接器的品种、型号很多,我国应用较多的是 FC 型、SC 型、ST 型和 LC 型连接器,如图 1-3-2 所示。

2. 铁路传输网

(1)光传输系统

光传输系统由光传输设备(发端)、光纤光缆、光传输设备(收端)、光中继器等组成,如图 1-3-3 所示。

光纤传输系统传输频带宽,通信容量大,中继距离长,抗电磁干扰,保密性能好、无串话,原材料资源丰富,节省有色金属,光缆体积小、质量轻,便于敷设和运输。

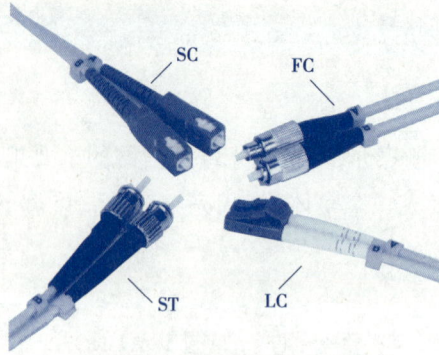

图 1-3-2　常用光纤连接器

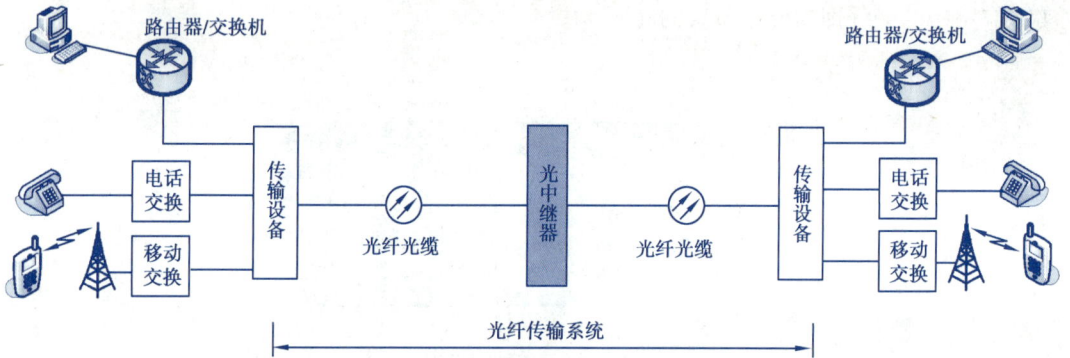

图 1-3-3　光传输系统组成示意图

（2）传输制式

铁路传输网常见的传输制式包括准同步数字系列 PDH（Plesiochronous Digital Hierarchy）、同步数字系列 SDH（Synchronous Digital Hierarchy）、多业务传输平台 MSTP（Multi-Service Transport Platform）、密集波分复用 DWDM（Dense Wavelength Division Multiplexing）和光传送网 OTN（Optical Transport Network）。

SDH 具有一套标准化的信息结构等级，称为同步传递模块 STM-N，N 是正整数，目前国际标准化 N 的取值为 1、4、16、64、256。其中 STM-1 是最基本的模块，将 N 个 STM-1 按字节间插同步复用后获得更高等级的 STM-N。

MSTP 是基于 SDH 平台同时实现时分多路复用 TDM（Time Division Multiplexing）、异步传输 ATM（Asynchronous Transfer Mode）、以太网等业务的接入、处理和传送，提供统一网管的多业务节点。

波分复用 WDM 技术指在一根光纤中同时传输多个不同波长光信号，系统原理如图 1-3-4 所示。

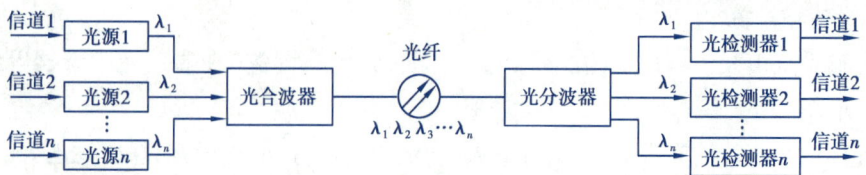

图 1-3-4　WDM 系统原理

光传送网 OTN 是以波分复用技术为基础、在光层组织网络的传送网。

（3）铁路传输网结构

铁路传输网分为骨干传输网和局集团公司内传输网。骨干传输网主要承载铁路总公司至铁路局集团公司及铁路局集团公司之间的通信；局集团公司内传输网主要承载铁路局集团公司内的通信，分为汇聚层和接入层，承载长途通信信息和本地通信。

3. 铁路数据通信网

铁路数据通信网以光纤、波道或专线电路作为底层的承载网络，以 IP 技术构建，主要由路由器、交换机、网络管理系统等组成，承载铁路综合视频监控、信号集中监测、牵引供电远动、电报等业务系统。

铁路数据通信网由骨干网络和区域网络组成。骨干网络完成铁路总公司与各铁路局集团公司、各铁路局集团公司之间数据信息的转发和业务互通；区域网络由核心层、汇聚层、接入层节点组成，负责铁路局集团公司内数据的传送。

（1）数据通信骨干网

数据通信骨干网承载铁路总公司与各铁路局集团公司之间的网络内部通信，网元之间通过骨干传输波道承载。

每个铁路局集团公司同城异地通信机房各设置一台路由器，本地互联后接入铁路总公司，网管由铁路总公司统一管理，各铁路局集团公司维护自己管理的设备。

数据通信骨干网组网示意图如图 1-3-5 所示。

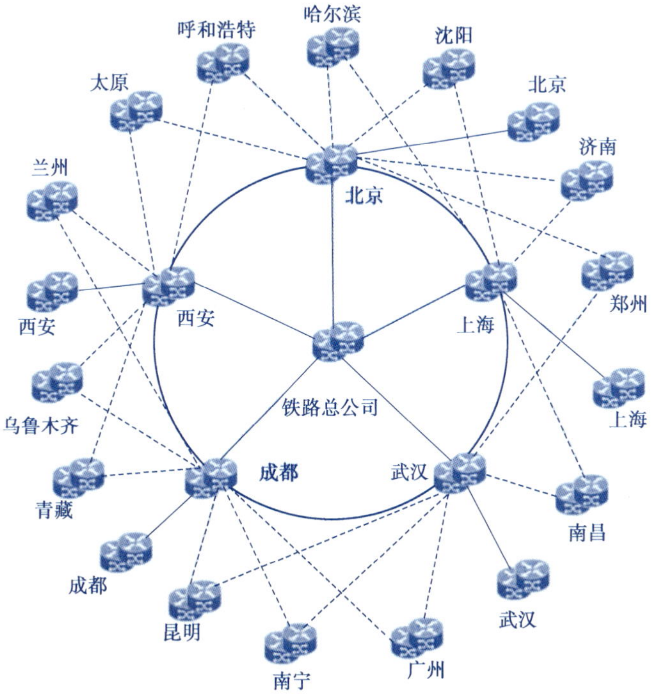

图 1-3-5 数据通信骨干网组网示意图

（2）数据通信区域网

各铁路局集团公司划分独立的自治域,分为核心层、汇聚层、接入层三层结构,如图1-3-6所示。

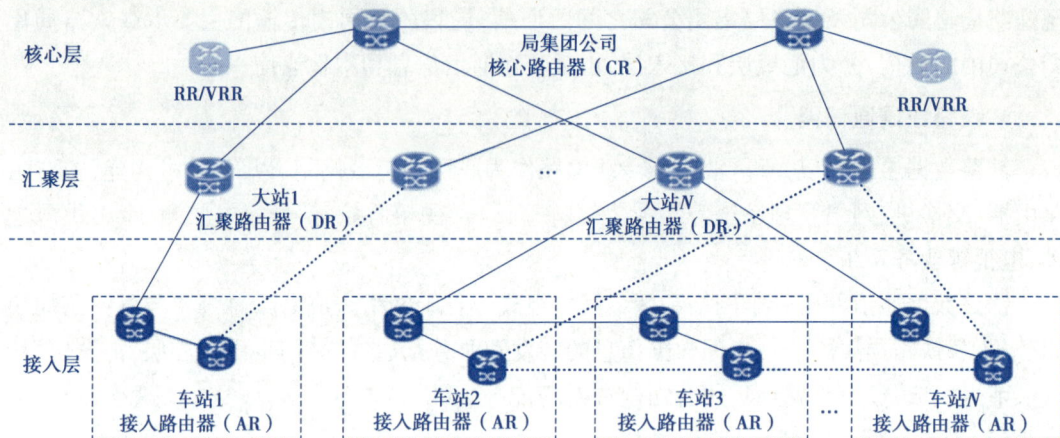

图 1-3-6　数据通信区域网组网示意图

思想政治素养养成

铁路传输网是铁路通信中的基石,是所有通信业务的通道,大多数行车相关的业务都承载在传输网上,在实际的工作过程中,要严格按照标准化作业流程进行作业,保证行车安全,养成遵章守纪的工作态度。

任务分组

初步按照每4位同学为一个小组,填写任务分组表。

任务分组表

组号			小组 LOGO	
组名				
组训				
团队成员	学号	角色指派	职责	
		组织者	任务组长,组织成员高效完成本次任务	
		演讲者	对各知识点进行解读、讲述	
		聆听者	倾听,积极参与交流,发表自己的想法	
		摄影师	拍摄记录本次任务实施过程中的关键环节	
说明:任务实施过程中,采用小组轮值制度,成员轮值担任各个角色,每位同学都可以锻炼组织管理能力、语言表达能力、聆听交流能力、拍摄记录能力。通过小组协作,实现团队合作、互帮互助、共同学习				

任务实施

工作任务单

组号：_____　姓名：_____　学号：_____　检索号：__1-3-1__

步骤引导：

1. 描述光纤的分类及其特点。

2. 识别常用的光纤连接器。

3. 描述光纤传输系统的组成。

4. 总结 SDH、MSTP、WDM、OTN 光传输技术的内涵。

5. 描述铁路数据网的组网结构。

完成情况：

步骤	理论(简要写出)	实践(已完成则打√)
1		
2		
3		
4		
5		

任务评价

任务评价单1

组号：_____ 姓名：_____ 学号：_____ 检索号：__1-3-2__

个人自评表

班级		组号		日期	
评价指标	评价内容			分值	分数评定
信息检索能力	能有效利用互联网资源、图书馆资源查找有用的信息；能有效解决实际问题			10分	
感知课堂生活	熟悉通信工工作岗位，认同工作价值；在学习中能获得满足感			10分	
参与态度	组织者角色：认真思考、组织、管理			20分	
	演讲者角色：认真梳理、表达、讨论				
	聆听者角色：认真聆听、积极讨论				
	摄影师角色：认真参与、及时记录				
知识、能力获得情况	1. 能正确识别光纤的分类，描述其特点			10分	
	2. 能正确识别常用的光纤连接器			10分	
	3. 能正确描述光纤传输系统的组成			10分	
	4. 能正确识别SDH、OTN光传输技术			10分	
	5. 能正确描述铁路数据网及其组网结构			20分	
自评分数					
保持与发扬之处					
思考与提升之处					

任务评价单2

组号：_____ 姓名：_____ 学号：_____ 检索号：__1-3-3__

指导教师评价表

任务名称	任务3 铁路承载网应用				
评价依据	工作任务单完成情况				
序号	评价内容		分值	评分标准	分数评定
1	正确描述光纤的分类	描述正确	5分	缺一个要点扣2分	
		思路清晰	5分	酌情评分	
2	描述常用的光纤连接器	描述正确	5分	缺一个要点扣2分	
		思路清晰	5分	酌情评分	
3	光纤传输系统的组成	描述正确	10分	缺一个要点扣5分	
		思路清晰	10分	酌情评分	
4	光纤传输技术	描述正确	10分	缺一个要点扣2分	
		表达流畅	10分	酌情评分	
5	描述铁路数据网	描述正确	10分	错误一处扣2分	
		思路清晰	10分	酌情评分	
6	素质素养评价	沟通交流能力	20分	酌情评分。违反课堂纪律,不听从组长、教师安排,不得分	
		团体意识			
		课堂纪律			
		合作探学			
		自主研学			
		遵章守纪			
评价分数					

任务评价单3

组号:_____　姓名:_____　学号:_____　检索号:__1-3-4__

总体评价表

姓名		学号		日期	
评价维度	评价主体	评价分数	比例	总分评定	
1	学生自评		40%		
2	企业导师评价		10%		
3	指导教师评价		50%		
说明:如企业导师未对该小组进行评价,则指导教师评价所占比例调整为60%					
优点					
待提升点					

任务提高

一、填空题

1. 在 SDH 传输中,STM-16 表示的速率为(　　　　)。

2. 在 SDH 传输中,一个 STM-1 有(　　)个 2M。

3. 在 SDH 中 PDH 信号最终复用成 SDH 信号,需经过(　　　)、(　　　)与(　　　)三个步骤。

4. 铁路时钟同步网全路采用(　　　)方式,每个同步区采用(　　　)方式。

二、判断题

(　　)1. 铁路数据网包括核心路由器、汇聚路由器和车站路由器。

(　　)2. 时间同步是一种特定状态的时钟同步,是指信号之间不仅频率相同,相位也要相同,相位差为零,所以又称为相位同步。

任务 4　认识行车通信业务

加强铁路 GSM-R 通信质量安全监管

1. 案例概况

××年 11 月,××铁路监管局开展了加强铁路 GSM-R 通信质量安全监管的活动。一是向辖区企业发函,通报 8 月 12 日××局集团公司因 GSM-R 故障导致的部分线路动车组列车晚点事故,要求企业积极开展安全隐患排查工作,抓紧完善应急处置预案。二是组织对中国铁路××局集团公司电务部、××通信段等单位进行检查,重点检查企业工作部署、隐患排查、应急演练及质量分析等方面情况。

2. 案例思考

针对企业存在的隐患排查不彻底、质量分析不到位等问题,向相关负责人通报,要求企业牢牢扛起安全生产主体责任,进一步梳理设备质量安全隐患,积极开展整治,并及时报送专项工作情况,切实保障铁路运输安全,为铁路高质量安全发展贡献力量。

任务描述

铁路通信业务网主要面向用户提供语音、图像和数据通信服务,包括铁路移动通信 GSM-R、调度通信、视频监控、视频会议、应急通信等业务。GSM-R 网络除提供移动语音业务外,还为 CTCS-3 级列车运行控制系统提供车地传输通道,为调度命令信息无线传送、客运车地信息交互提供无线网络接入服务。

任务目标

知识目标:

1. 描述铁路调度通信系统的组成及作用。

2. 描述铁路数字移动通信系统 GSM-R 的组成及作用。

3. 描述铁路接入网系统的组成及作用。

4. 描述综合视频监控系统的组成及作用。

5. 总结铁路专用电路的组网组成及应用。

技能目标：

1. 展示说明铁路调度通信的呼叫过程。

2. 识别铁路调度通信的常见接口。

3. 识别综合视频监控系统的主要组件。

素养目标：

形成网络安全的防范意识。

任务分析

重点：

1. 铁路调度通信系统的组成及作用。

2. 综合视频监控系统的组成及作用。

难点：

铁路数字移动通信系统 GSM-R 的组成及作用。

任务基础

1. 铁路调度通信系统

铁路调度通信系统由调度交换机、车站交换机、调度台、值班台、其他各类固定终端及网管终端构成。调度交换机一般设置在铁路总公司调度指挥中心和铁路局集团公司调度所通信机械室，车站交换机一般设置在车站和用户相对集中的通信机械室，调度台设置在各类调度员所在地，值班台设置在车站值班员所在地。

（1）系统的特点

调度员对车站值班员为指令型通信，车站值班员对调度员为请示汇报型通信。以调度员为中心，一点对多点的通信。铁路线站点多，线路长，成线状分布，列调通信呈环状结构。

（2）系统的组成

按铁路运输指挥体系，铁路调度通信分为干线调度、区段调度、站场调度三级调度通信体系。铁路调度通信组网结构如图 1-4-1 所示。

各个接口的作用说明如下。

Fa 接口：综合业务数字网 ISDN（Integrated Services Digital Network）基群速率接口（30B+D），DSS1（Digital Subscriber Signaling System No. 1）信令。

Fb 接口：ISDN 基群速率接口（30B+D），DSS1 信令。

Va 接口：RS-232、RS-485、以太网接口等。

Ua 接口：ISDN 基本速率接口（2B+D），DSS1 信令。

Ub 接口：Z 接口、共总接口、共分接口、磁石接口、2/4 线音频接口、模拟调度总机接口、选号分机接口、64kbit/s 接口、录音接口。

2. 铁路数字移动通信系统 GSM-R

GSM-R 是专门为铁路通信设计的专用数字移动通信系统，是基于 GSM 基础设施，针对铁路通信列车调度、列车运行控制、支持高速列车等特点,结合铁路移动通信所具有的特色(群呼、组呼、优先级别、强插、强拆等功能),为铁路运输生产提供无线列调、编组调车通信、应急通信、养护维修组通信等语音通信功能,以及无线车次号校核、调度命令传送、列控信息传送等数据传达功能,在铁路安全运输生产中发挥重要作用。

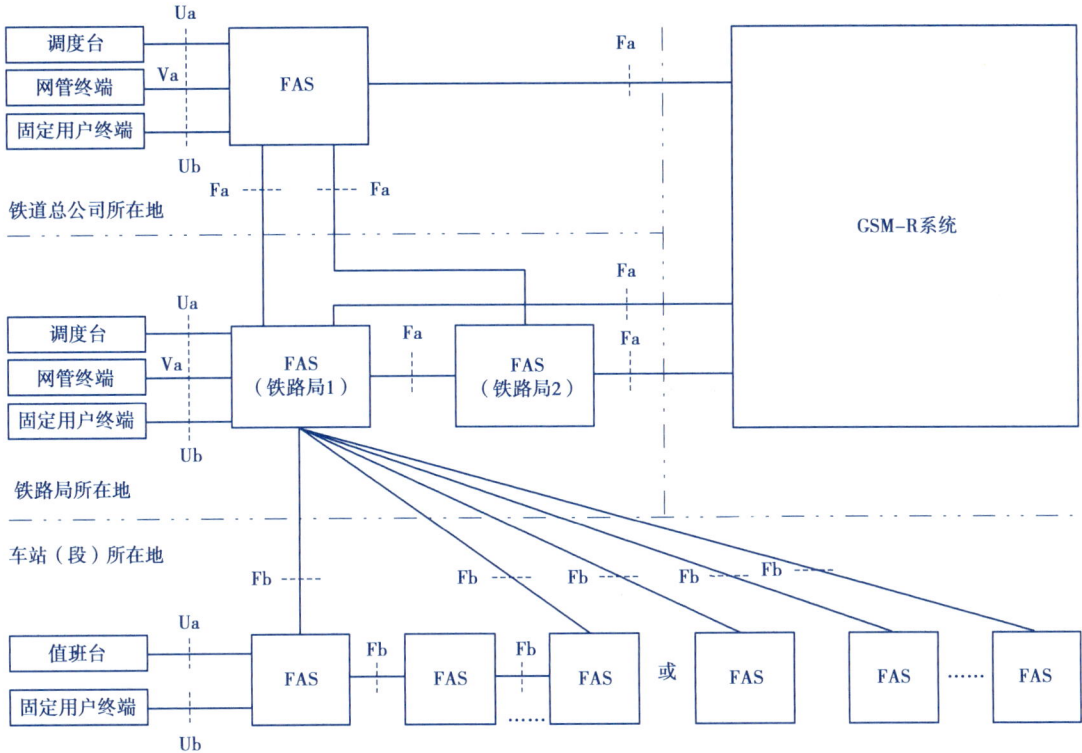

图 1-4-1　铁路调度通信组网结构

（1）GSM-R 系统基本组成

铁路数字移动通信系统 GSM-R 主要组成包括移动交换中心核心网 MSC（Mobile Switching Center）、基站子系统 BSS（Base Station Subsystem）、无线终端 MS（Mobile Station）。GSM-R 系统结构如图 1-4-2 所示。

（2）GSM-R 业务

GSM-R 业务主要包括调度通信和应急语音通信,列控信息传送,机车同步操控,调车机车信号和监控信息传送,车次号、调度命令、列尾信息传送,站场平面调车。

3.综合视频监控系统

铁路综合视频监控系统是铁路通信系统的重要组成部分,是铁路运输生产的重要基础设施,满足铁路行车指挥、生产组织、客货运输服务、设备监测、作业监测、抢险救援以及治安防范等需求。

铁路综合视频监控总体结构采用多级联网、分布式管理,有效降低视频流对网络的承载压力,其总体结构如图 1-4-3 所示,由视频节点、视频汇集点、视频采集点、承载网络和终端设备组成。视频节点包括视频核心节点、视频区域节点、Ⅰ类视频接入节点和Ⅱ类视频接入节点，视频终端包括用户终端(含显示设备)和管理终端。

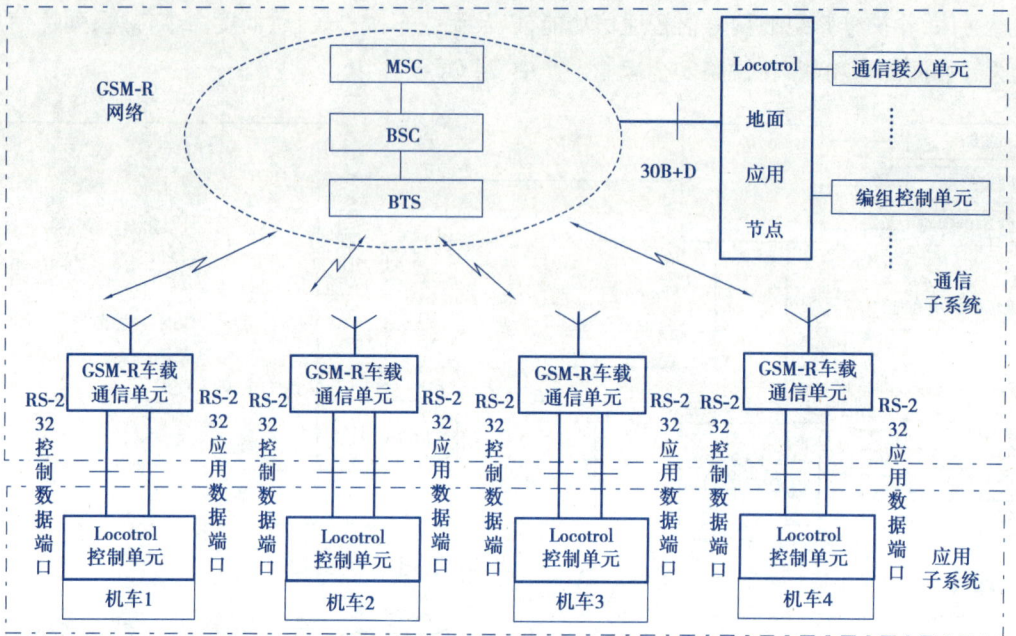

图 1-4-2　GSM-R 系统结构

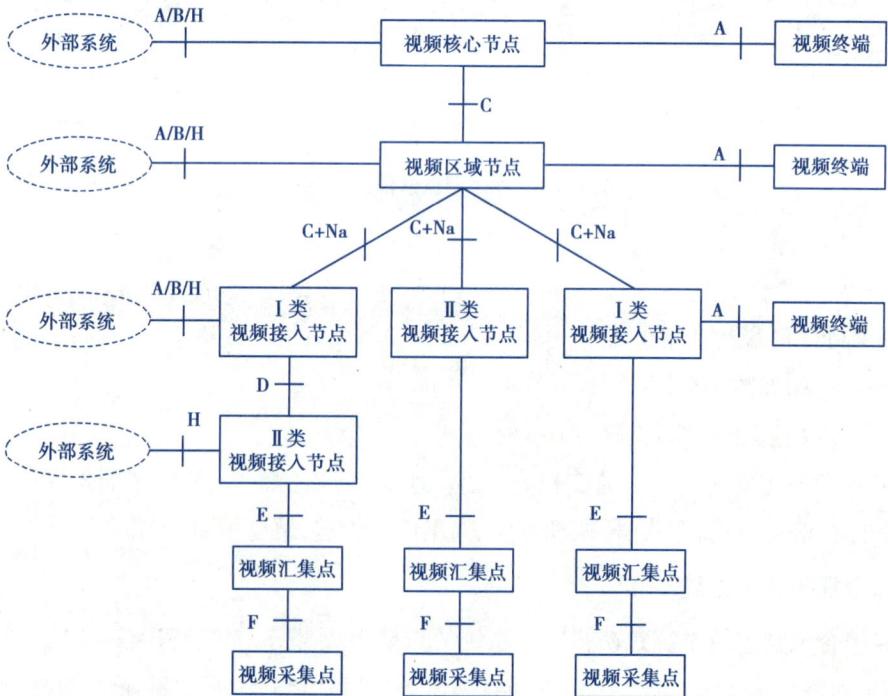

图 1-4-3　综合视频监控系统结构

（1）视频采集点

视频采集点是前端设备安装的场所。采集点前端设备一般设置在沿线车站咽喉区、公跨铁立交桥、车站机房、隧道口、铁路桥应急逃生通道口、沿线 GSM-R 基站、信号中继站、线路所、直放站、牵引变电所/分区所/配电所及车站站内重点区域等需要进行视频监控的地点。视频采集设备与各采集点监控图像示例如图 1-4-4、1-4-5 所示。

图 1-4-4　视频采集设备

图 1-4-5　视频采集图像

（2）视频汇聚点

视频汇聚点是指具有视频处理和汇聚功能的点，可设置在车站、区间基站、牵引变电通信机房等需要进行视频业务汇聚的处所，可独立设置，也可与视频接入节点合并设置。

（3）视频接入节点

视频接入节点具有信息的接入、存储、分发及转发、调用、控制、系统管理、告警处理、与其他业务互联和联动功能的节点，根据管理需要，可分为Ⅰ类、Ⅱ类视频接入节点。

4. 铁路接入网

铁路接入网主要由光线路终端 OLT（Optical Line Terminal）与光网络单元 ONU（Optical Network Unit）组成，程控交换机或语音网关与 OLT 之间根据话务量通过多个中继 2M 进行互联，一般采用星形组网。

思想政治素养养成

铁路重要行车业务的应用服务器都需要安全服务，保证信息传输的安全可靠，在实际工作过程中，要遵守相关的网络安全规定，形成网络安全的防范意识。

任务分组

初步按照每 4 位同学为一个小组，填写任务分组表。

任务分组表

组号			小组 LOGO	
组名				
组训				
团队成员	学号	角色指派	职责	
		组织者	任务组长，组织成员高效完成本次任务	
		演讲者	对各知识点进行解读、讲述	
		聆听者	倾听，积极参与交流，发表自己的想法	
		摄影师	拍摄记录本次任务实施过程中的关键环节	
说明：任务实施过程中，采用小组轮值制度，成员轮值担任各个角色，每位同学都可以锻炼组织管理能力、语言表达能力、聆听交流能力、拍摄记录能力。通过小组协作，实现团队合作、互帮互助、共同学习				

任务实施

工作任务单

组号：_____ 姓名：_____ 学号：_____ 检索号：_1-4-1_

步骤引导：

1. 描述铁路调度通信系统的组成及作用。

2. 描述铁路数字移动通信系统 GSM-R 的组成及作用。

3. 描述铁路接入网系统的组成及作用。

4. 描述综合视频监控系统的组成及作用。

5. 总结铁路专用电路的组网组成及应用。

完成情况：

步骤	理论（简要写出）	实践（已完成则打√）
1		
2		
3		
4		
5		

任务评价

任务评价单1

组号:_____ 姓名:_____ 学号:_____ 检索号:__1-4-2__

个人自评表

班级		组号		日期	
评价指标	评价内容			分值	分数评定
信息检索能力	能有效利用互联网资源、图书馆资源查找有用的信息;能有效解决实际问题			10分	
感知课堂生活	熟悉通信工工作岗位,认同工作价值;在学习中能获得满足感			10分	
参与态度	组织者角色:认真思考、组织、管理			20分	
	演讲者角色:认真梳理、表达、讨论				
	聆听者角色:认真聆听、积极讨论				
	摄影师角色:认真参与、及时记录				
知识、能力获得情况	1.能正确描述调度通信系统的组成及作用			10分	
	2.能正确描述 GSM-R 系统的组成及作用			10分	
	3.能说出接入网系统的组成及作用			10分	
	4.能说出综合视频监控系统的组成及作用			10分	
	5.能正确总结铁路专用电路的组网及应用			20分	
自评分数					
保持与发扬之处					
思考与提升之处					

任务评价单 2

组号：_____　姓名：_____　学号：_____　检索号：　1-4-3　

任务名称	任务 4　认识行车通信业务				
评价依据	工作任务单完成情况				
序号	评价内容		分值	评分标准	分数评定
1	调度通信系统的组成	描述正确	5 分	缺一个要点扣 2 分	
		思路清晰	5 分	酌情评分	
2	GSM-R 结构组成	描述正确	5 分	缺一个要点扣 2 分	
		思路清晰	5 分	酌情评分	
3	接入网组成及应用	描述正确	10 分	缺一个要点扣 5 分	
		思路清晰	10 分	酌情评分	
4	综合视频监控系统组成	描述正确	10 分	缺一个要点扣 2 分	
		表达流畅	10 分	酌情评分	
5	铁路专线电路组网	描述正确	10 分	错误一处扣 2 分	
		思路清晰	10 分	酌情评分	
6	素质素养评价	沟通交流能力	20 分	酌情评分。违反课堂纪律,不听从组长、教师安排,不得分	
		团体意识			
		课堂纪律			
		合作探学			
		自主研学			
		网络安全			
评价分数					

任务评价单3

组号:_____ 姓名:_____ 学号:_____ 检索号:__1-4-4__

总体评价表

姓名		学号		日期	
评价维度	评价主体	评价分数	比例	总分评定	
1	学生自评		40%		
2	企业导师评价		10%		
3	指导教师评价		50%		
说明:如企业导师未对该小组进行评价,则指导教师评价所占比例调整为60%					
优点					
待提升点					

任务提高

一、填空题

1. 光纤接入网主要由光线路终端 OLT、(　　　　)组成。

2. 铁路调度通信系统在普铁叫做(　　　　)系统,在高铁叫做(　　　　)系统。

3. 中国 GSM-R 工作频段为上行 885-889,下行(　　　　) MHz,可使用的频点为
(　　　　)个。

4. 铁路综合视频监控的视频区域节点设置在(　　　　)。

二、判断题

(　　)1. 铁路综合视频监控系统采用网络化、数字化视频监控技术和 IP 传输方式构建。

(　　)2. 铁路调度通信分类可以分为:行车调度、货运调度、电力调度。

(　　)3. 信号微机监测的功能是对所辖区段内的信号设备进行集中控制,对列车运行进行直接指挥、管理。

项目二
高铁信号基础设备维护

📖 项目情境

　　高铁信号基础设备主要包括继电器、信号机、轨道电路、转辙机、智能电源屏等,在保障列车运行安全、提高运输效率和质量、推动铁路信息化和智能化发展等方面都具有重要的作用和意义。其中,继电器作为电励开关,可以用小信号控制大功率对象,以单信号控制多对象,实现远程控制。信号机能够根据联锁条件给出不同颜色的灯光显示,表明不同的含义,指示列车运行或调车作业。轨道电路主要用于监督列车或调车车列对轨道区段的占用,传递行车信息。转辙机将道岔转换至定位或反位状态,以改变列车运行线路。高速铁路中采用智能电源屏,为信号设备提供电源。

📖 项目导学

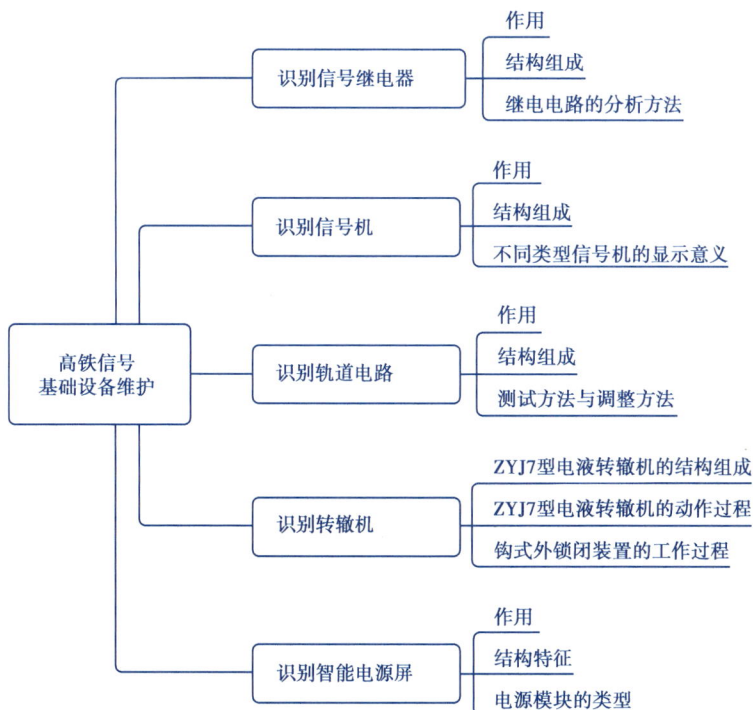

📖 项目学习指导

本项目在已有理论知识的基础上,着重学习高铁信号基础设备的应用与维护。学习过程中,主要包括机械结构、电路原理、实际应用三大部分,读者需要具备部件认识、电路分析等基础知识,更好地理解和掌握各设备的工作过程,为日常维护与检修提供理论基础和操作指导。

📖 "1+X"职业技能等级标准

轨道交通自动控制系统装备运营维护职业技能等级标准(中级):

工作领域	工作任务	职业技能要求
1. 信号基础设备维修	1.1 信号机维修	1.1.1 能识读信号平面布置图、电缆配线图及点灯电路图等,完成绘制调车信号机点灯单元电路图。 1.1.2 能完成规定的维修作业项目。 1.1.3 能按图纸完成信号机配线与安装。 1.1.4 能进行线缆开路及器材更换等一般故障处理
	1.2 道岔转换与锁闭装置维修	1.2.1 能识读道岔控制电路图、道岔组合内部配线图。 1.2.2 能完成规定的维修作业项目。 1.2.3 能完成外锁闭装置正确拆装。 1.2.4 能区分室内外故障,完成控制、表示电路开路故障等一般故障处理
	1.3 ZPW-2000A 继电编码轨道电路维修	1.3.1 能识读轨道电路相关电路图。 1.3.2 能完成规定的维修作业项目。 1.3.3 能正确使用仪器仪表、工器具完成轨道电路电气特性测试及分析。 1.3.4 能完成 ZPW-2000A 电码化一般故障判断与处理。 1.3.5 能完成单项器部件更换。 1.3.6 能完成轨道电路设备一般故障处理。 1.3.7 能完成继电电路一般故障分析与处理

📖 励志人物

张帅坤:"大国重器"背后的匠人匠心

十余年来,张帅坤主持研制了百余台套盾构机,突破重重技术封锁。

张帅坤还是一名盾构司机时，有一次，进口盾构机的拼装系统出现抖动，持续一个多月都没修好，每天的损失在 20 万元以上。"当我们提出自己维修时，却被拒绝提供资料，甚至提出不再质保。"张帅坤便下定决心要把其他人的"印钞机"变成中国人的"争气机"。

2010 年 10 月 8 日，铁建重工第一台自主研制的盾构机"开路先锋 19 号"成功下线，以更低的价格和优质的服务完胜同类品牌。

2022 年 4 月 25 日，北京东六环入地改造工程西线隧道中，"京华号"盾构机在地下 59 m 深，距城市副中心站枢纽工程底板 22.7 m 处完成第 1646 环推进，安全、平稳、顺利穿越城市副中心站交通枢纽。

2024 年 8 月 19 日，海底隧道盾构机"深江 1 号"顺利完成 3 590 m 既定掘进任务，深江铁路珠江口隧道顺利抵达海底 106 m 最深处，标志着中国大盾构创下水下掘进新纪录；16 m 级超大直径盾构机"京华号"在北京市通州区地下 30 多 m 处深掘，地表沉降精准控制在毫米级。

2023 年 4 月，张帅坤荣获全国五一劳动奖章。

2024 年 2 月，张帅坤获评 2023"感动湖南"年度人物。

2024 年 3 月，张帅坤被评选为 2023 年"大国工匠年度人物"。

📖 生产案例

电缆混线导致轨道多区段红光带故障

1. 故障概况

××年 6 月 19 日 3 时 06 分，××站北头轨道区段红光带，8 时 55 分电务设备恢复正常，原因为室外 51DG 至 47DG 间［95-4（2）］轨道送端电源电缆芯线间内部短路，造成北头 25HZ 轨道区段红光带。

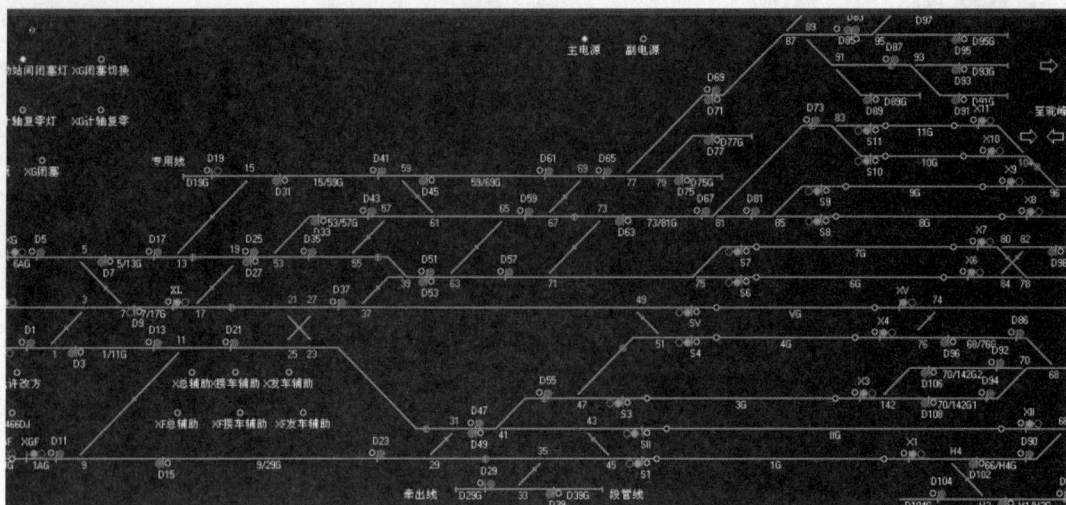

2. 故障处理

①3 时 15 分，根据控制台显示北头 25HZ 轨道区段红光带，以及"下行轨道停电""25HZ 轨道电源 1 输出断"报警信息，检查电源屏发现给北头轨道电路供电的 25HZ 轨道电源模块 1 保护灯亮，测试电源模块轨道、局部的电压和电流无输出，检查轨道电源输出开关、组合架设备的保险开关无跳闸现象，无熔丝报警。

②3 时 25 分，车间主任到达信号楼组织查找，检查试验电源输出开关、更换电源模块后，电源模块保护问题仍然存在，断开输出开关后电源模块恢复正常，初步判断电源屏外部存在短路现象。

③4 时 30 分，在分线盘 1F001-1/4 甩开室外北头侧线区段的轨送电源电缆（共有八对电缆芯线），全部甩开电缆芯线后轨道电源模块不再起保护。之后采取逐根恢复的方式，初步确认一束 GJZ/GJF 电缆短路，通知室外人员查找该束电缆的故障点。经查，室外电缆正常。

④4 时 56 分，查看微机监测发现红光带区段相位角为 0，红光带区段轨道电压处于 5～8 V，同时测试区段分线盘发送电压正常，室外轨面较正常值下降一半，于是怀疑电源屏模块有其他问题，继续进行排查。

⑤7 时 16 分，登记要点停用南头轨道区段，临时将 ZH3 架接入电源屏南头轨道电源，电源屏南头轨道电源模块立即发生保护，判断组合内有短路。全部甩开该架的室内隔离盒，并逐个恢复。确认 17DG 室内隔离盒存在短路现象，更换了 17DG 室内隔离盒后，电源模块相位角恢复正常。

任务 1　识别信号继电器

道岔启动继电器故障案例

1. 故障概况

××年 11 月 8 日,××站在道岔操纵试验时发现 5/7#道岔偶然失去表示,反复操纵后又恢复正常。该组道岔 5#为 AT 道岔,7#为 ZYJ7 液压道岔,分别都有小表示。

2. 故障反思

工区通过微机监测道岔曲线观察发现,5#道岔曲线多次异常,通过曲线分析:电流曲线在 0.1 s 时回归为零,说明电源正常送出后出现断路;仔细观察道岔动作时继电器的状态,发现 5#道岔 1DQJ 出现偶尔出现跳动现象;更换 1DQJ 继电器后,道岔恢复正常工作。启动继电器是易损件,要按时更换。

任务描述

继电器是自动控制系统中常用的控制器件,可接通和断开电路,用于发布控制命令和反映设备状态,构成自动控制和远程控制电路。铁路信号技术中广泛采用的各类继电器,统称为信号继电器(在信号系统中,可简称为继电器)。

AX 系列安全型继电器不但结构新颖、质量轻、体积小,而且安全可靠、性能稳定,能满足信号电路对继电器提出的各种要求,是我国铁路信号继电器的主要定型产品,应用最为广泛。

任务目标

知识目标:

1. 描述继电器的作用。

2. 描述继电器的结构组成。

3. 总结继电路的分析方法。

技能目标:

1. 说明不同类型继电器的特点。

2. 识别继电器图形符号。

素养目标:

1. 形成良好的创新创业精神。

2. 养成严谨细致的学习习惯。

任务分析

重点:

1. 继电器的作用。

2. 继电器的结构组成。

3. 继电路的分析方法。

难点:

继电路的分析方法。

任务基础

1. 安全型继电器

在铁路信号系统中,凡是涉及行车安全的继电路都必须采用安全型继电器。安全型继电器是指结构必须符合"故障-安全"原则,是一种故障不对称器件,在故障情况下使前接点闭合的概率远小于后接点闭合的概率。用前接点代表危险侧信息,用后接点代表安全侧信息。

AX 系列安全型继电器是直流 24 V 系列的重弹力式直流电磁继电器,其典型结构为无极继电器,其他各型继电器由无极继电器派生。

2. 安全型继电器的结构

（1）无极继电器

继电器线圈两端的直流电压（或线圈中的电流）达到其工作值时，便励磁吸起，这类继电器称为无极继电器，有 JWXC-1700、JWXC-1000、JWXC-H600、JWXC-H340 型等品种。

无极继电器由电磁系统和接点系统两大部分组成。电磁系统主要包括线圈、铁芯、轭铁和衔铁。接点系统处于电磁系统上方，包括中接点、前接点和后接点。

（2）无极加强接点继电器

无极加强接点继电器的电磁系统与无极继电器基本相同，加强接点采用特殊设计的大功率接点和磁吹弧器，用于通断功率较大的信号电路，有 JWJXC-H125/0.44、JWJXC-H125/80、JWJXC-H125/0.17 型等品种。

（3）整流继电器

整流继电器在接点组上方安装有半波或全波整流电路，通过整流电路将交流电变为直流电，再将直流电加在线圈两端而动作，用于交流电路中，有 JZXC-480、JZXC-0.14、JZXC-H18 型等品种。

（4）有极继电器

有极继电器的电磁系统中，用一块长条形永久磁钢代替了部分轭铁，在线圈中通过规定方向的电流时，继电器吸起，断电后仍保持在吸起状态；通过反方向电流时，继电器打落，断电后保持在打落状态。有极继电器具有定位和反位两种稳定状态，在线圈中电流消失后，仍能继续保持，又称为极性保持继电器，有 JYXC-660、JYXC-270、JYJXC-135/220 型等品种。

（5）偏极继电器

偏极继电器的电磁系统中，增加了一块 L 形永久磁钢，只有在线圈中通过规定方向的电流时，继电器才吸起，而电流方向相反时，继电器不动作。偏极继电器是为了满足信号电路中鉴别电流极性而设计的，只有一种稳态，即衔铁靠电磁力吸起后，断电就落下，落下是稳定状态，有 JPXC-1000 型等品种。

（6）时间继电器

JSBXC-850 型时间继电器由时间控制单元与 JWXC-850 型无极继电器组合而成，借助电子电路可以获得 3 s、13 s、30 s 和 3 min 四种延时时间。JSBXC$_1$-850 型可编程时间继电器是新一代的时间继电器，采用微电子技术，通过单片机软件设定不同的延时时间。

（7）交流二元继电器

JRJC$_1$-70/240 型交流二元继电器由电磁系统、翼板、接点系统等主要部件组成，用于电气化区段 25 Hz 相敏轨道电路中作为轨道继电器，具有可靠的频率选择性和相位选择性，翼板转动系统动作灵活，整体结构紧固，经久耐用，便于维修。

（8）动态继电器

动态继电器由计算机输出的动态脉冲信号控制，符合故障-安全原则，具有很高的可靠性，用于计算机联锁系统的接口电路，有 JAC-1000、JARC-1000、JSDXC$_1$-1700、JSDPC-820 型等品种。

3.继电电路

继电电路是用继电器构成的控制电路和表示电路。继电器一般根据其主要用途和功能来命名,如反映按钮动作的继电器称为按钮继电器,控制信号的继电器称为信号继电器。为了便于标记,继电器符号用汉语拼音首字母表示,例如按钮继电器表示为 AJ,信号继电器表示为 XJ。

继电器有两个状态,分别为吸起状态和落下状态。电路图中继电器呈现的状态称为通常状态,也称为定位状态。

(1)继电器基本电路

对于有两个线圈参数相同的继电器,它的线圈有多种使用方法。可以串联使用,连接 2-3 电源片,使用 1-4 电源片;可以并联使用,连接 1-3 电源片,连接 2-4 电源片,使用 1-2 或 3-4 电源片;可以两个线圈分别使用;可以单线圈使用。

串联电路指继电器接点串联连接的电路,实现逻辑"与"的运算功能。如图 2-1-1 所示为串联电路,接入电路中的 3 组接点必须同时闭合才能使继电器 DJ 吸起。

并联电路指继电器接点并联连接的电路,实现逻辑"或"的运算功能。如图 2-1-2 所示为并联电路,并联支路中任一组接点闭合都能使继电器 DJ 吸起。

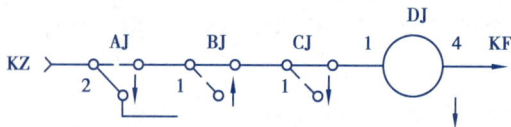

图 2-1-1　串联电路

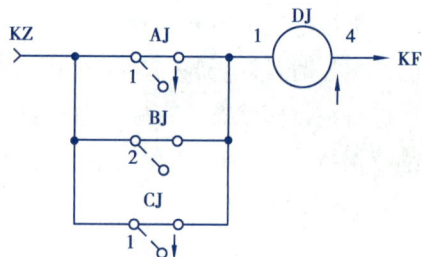

图 2-1-2　并联电路

根据逻辑功能的要求,在电路中会出现有些接点串联,有些接点并联,这类电路称为串并联电路,如图 2-1-3 所示。

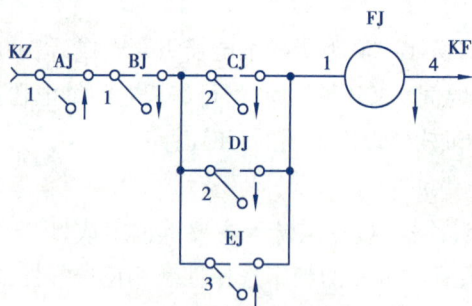

图 2-1-3　串并联电路

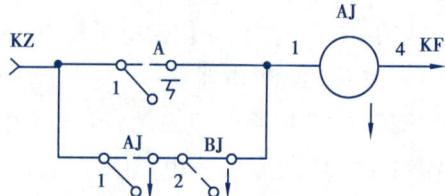

图 2-1-4　自闭电路

(2)励磁电路和自闭电路

继电电路中使继电器线圈励磁吸起的电路,称为励磁电路。在继电器构成的控制系统中,常需要将某一动作记录下来为后续的过程做准备。如图 2-1-4 所示为按钮继电器 AJ 的电路,按下自复式按钮 A 后,继电器 AJ 经过励磁电路吸起。松开按钮后,励磁电路断开,但由自身前接点构成的电路使继电器保持吸起。这条由自身前接点构成的保持继电器吸起的电路称为自闭电路。

（3）接通径路法

接通径路法用来描述继电器励磁电流的径路,是由电源正极经继电器接点、线圈及其他器件（按钮接点、二极管等）至电源负极的回路,是分析继电电路常用的方法（俗称跑电路）。如图 2-1-1 所示电路的接通径路法分析如下:

$$KZ-AJ_{21-22}-BJ_{11-12}-CJ_{11-13}-DJ_{1-4}-KF$$

式中各接点及器件的下标是它们在电路中具体连接的接点号或端子号,接点之间用"–"联系,表示经由。

（4）动作程序法

动作程序法用来表示继电器的动作过程,着重反映继电电路的时序关系和因果关系。如图 2-1-1 所示电路的动作程序法分析如下:

$$AJ\uparrow \rightarrow AJ_{21-22\text{通}} \rightarrow DJ\uparrow$$

用符号表示各继电器状态的变化,"↑"表示继电器吸起,"↓"表示继电器落下（这里↑、↓表示继电器的动作）,"→"表示促使、导致。

素质素养养成

1.继电器具有多种类型,但都是以无极继电器为基础进行创新改造而形成的,并根据各自特点应用于不同的电路中。在学习过程中,应形成良好的创新精神。

2.继电电路是由多个继电器构成的逻辑电路,在实际现场中是非常复杂的。通过仔细学习、认真分析,养成严谨细致的学习习惯。

任务分组

初步按照每 4 位同学为一个小组,填写任务分组表。

任务分组表

组号			小组 LOGO	
组名				
组训				
团队成员	学号	角色指派	职责	
		组织者	任务组长,组织成员高效完成本次任务	
		演讲者	对各知识点进行解读、讲述	
		聆听者	倾听,积极参与交流,发表自己的想法	
		摄影师	拍摄记录本次任务实施过程中的关键环节	
说明:任务实施过程中,采用小组轮值制度,成员轮值担任各个角色,每位同学都可以锻炼组织管理能力、语言表达能力、聆听交流能力、拍摄记录能力。通过小组协作,实现团队合作、互帮互助、共同学习				

任务实施

工作任务单

组号：_____ 姓名：_____ 学号：_____ 检索号：__2-1-1__

步骤引导：

1. 识别无极继电器的结构,描述其动作特点。

2. 识别整流继电器的结构,描述其动作特点。

3. 识别有极继电器的结构,描述其动作特点。

4. 识别偏极继电器的结构,描述其动作特点。

5. 识别交流二元继电器的结构,描述其动作特点。

完成情况：

步骤	理论(简要写出)	实践(已完成则打√)
1		
2		
3		
4		
5		

任务评价

任务评价单1

组号：_____ 姓名：_____ 学号：_____ 检索号：___2-1-2___

个人自评表

班级		组号		日期	
评价指标	评价内容			分值	分数评定
信息检索能力	能有效利用互联网资源、图书馆资源查找有用的信息；能有效解决实际问题			10分	
感知课堂生活	熟悉信号工工作岗位，认同工作价值；在学习中能获得满足感			10分	
参与态度	组织者角色：认真思考、组织、管理			20分	
	演讲者角色：认真梳理、表达、讨论				
	聆听者角色：认真聆听、积极讨论				
	摄影师角色：认真参与、及时记录				
知识、能力获得情况	1. 能正确描述继电器的作用			10分	
	2. 能正确描述继电器的结构组成			10分	
	3. 能说出继电电路的常用分析方法			10分	
	4. 能说出不同类型继电器的特点			10分	
	5. 能正确识别继电器图形符号			20分	
自评分数					
保持与发扬之处					
思考与提升之处					

任务评价单2

组号：_____ 姓名：_____ 学号：_____ 检索号：__2-1-3__

指导教师评价表

任务名称	任务1 识别信号继电器				
评价依据	工作任务单完成情况				
序号	评价内容		分值	评分标准	分数评定
1	正确描述继电器的作用	描述正确	5分	缺一个要点扣2分	
		思路清晰	5分	酌情评分	
2	描述继电器的结构组成	描述正确	5分	缺一个要点扣2分	
		思路清晰	5分	酌情评分	
3	继电电路分析方法	描述正确	10分	缺一个要点扣5分	
		思路清晰	10分	酌情评分	
4	不同类型继电器的特点	描述正确	10分	缺一个要点扣2分	
		表达流畅	10分	酌情评分	
5	继电器图形符号	描述正确	10分	错误一处扣2分	
		思路清晰	10分	酌情评分	
6	素质素养评价	沟通交流能力	20分	酌情评分。违反课堂纪律,不听从组长、教师安排,不得分	
		团体意识			
		课堂纪律			
		合作探学			
		自主研学			
		创新创业			
		严谨细致			
评价分数					

任务评价单3

组号：_____　　姓名：_____　　学号：_____　　检索号：　2-1-4　

总体评价表

姓名		学号		日期	
评价维度	评价主体	评价分数	比例	总分评定	
1	学生自评		40%		
2	企业导师评价		10%		
3	指导教师评价		50%		
说明：如企业导师未对该小组进行评价，则指导教师评价所占比例调整为60%					
优点					
待提升点					

任务提高

一、填空题

1. 安全型继电器是指它的结构必须符合(　　　　)原则。

2. 无极继电器由电磁系统和(　　　　)两大部分组成。

3. 衔铁由电工纯铁冲压成型，衔铁上铆有(　　　　)，以保证衔铁靠重力返回。

4. 衔铁上有(　　　　)，用以增大继电器在吸起状态的磁阻，减小剩磁影响，保证继电器可靠落下。

二、判断题

(　　)1. 有极继电器具有定位和反位这两种稳定状态，这两种稳定状态在线圈中电流消失后，仍能继续保持，故又称极性保持继电器。

(　　)2. 由自身前接点构成的保持该继电器吸起的电路称为自闭电路。

任务 2 识别信号机

"2·13"××线维修作业误动空开致信号机灭灯事故

1.事故概况

××年 2 月 13 日,××线××次运行至××区间,因 1033 号通过信号灭灯停于 K103+029 处,延时 29 min。构成铁路交通一般 D 类事故。

2.事故反思

标准化作业程序不执行。室内设备日常养护作业中触碰信号机械室 Q1 架零层的 QXJZ (X)220 V/2 A 空气开关,作业人员没有发现空气开关跳闸,致使该区间信号交流电无输出。

作业纪律执行不到位。未按作业程序执行导致空开罩脱落,简单复位不加确认设备运行状态是违反作业纪律和"三不离"中"工作完了,不彻底试验良好不离"基本安全制度。

作业完毕后检查确认及销记确认不到位。作业结束后无人检查确认,作业人员仅仅确认控制台状态显示、微机监测有无报警信息,就销记恢复设备使用,没有通过集中监测站场平面图、TDCS 状态显示核对区间设备状态,错失最后时机,最终导致事故发生。

任务描述

狭义的铁路信号是在行车、调度工作中,对行车有关人员指示运行条件而规定的物理特征符号。为指示列车运行及调车作业,铁路必须根据需要设置各种信号机和信号表示器,形成信号显示,给出运行条件。

任务目标

知识目标:

1.描述信号机的作用。

2.描述信号机的结构组成。

3.总结不同类型信号机的显示意义。

4.总结不同类型信号机的设置原则。

技能目标：

1.识别信号机的图形符号。

2.展示说明不同类型信号机的显示意义。

3.展示说明不同类型信号机的设置方法。

素养目标：

1.养成令行禁止的纪律意识。

2.形成精益求精的工匠精神。

任务分析

重点：

1.信号机的作用。

2.信号机的结构组成。

3.不同类型信号机的显示意义。

4.不同类型信号机的设置原则。

难点：

1.不同类型信号机的显示意义。

2.不同类型信号机的设置原则。

任务基础

1.铁路信号的分类

铁路信号包括视觉信号和听觉信号。视觉信号是用颜色、形状、位置、显示数目及灯光状况表达,通过眼睛获取的信号,如用信号旗、信号灯、信号牌、信号机、信号表示器、信号标志显示的信号。听觉信号是用音响表示,通过耳朵获取到的信号,如用号角、口笛、机车鸣笛、响墩等发出的信号,以音响的强度、频率和时间长短来表达信号含义。

要求停车的信号叫做禁止信号,要求注意或减速运行的信号、准许按规定速度运行的信号叫做进行信号。

2.信号显示颜色

铁路信号颜色的选择,应能达到显示明确、辨认容易、便于记忆和具有足够的显示距离等基本要求。经过理论分析和长期实践,铁路信号的基本色为红、黄、绿三种,辅助色为蓝色、月白色、紫色三种,构成铁路信号的基本显示系统。其中红色信号的基本意义是停车,黄色信号的基本意义是注意或减速运行,绿色信号的基本意义是准许按照规定速度运行。

3.透镜式色灯信号机的结构

透镜式色灯信号机有高柱和矮型两种类型。高柱透镜式色灯信号机由机柱、机构、托架、梯子等部分组成,如图2-2-1所示。矮型透镜式色灯信号机的机构直接安装在信号机基础上,如图2-2-2所示。

图 2-2-1　高柱信号机

图 2-2-2　矮型信号机

信号机构按结构又分为单显示、二显示和三显示。单显示机构有一个灯位,二显示机构有两个灯位,三显示机构有三个灯位。每个灯位由灯泡、灯座、透镜组、遮檐和背板等组成。灯泡是色灯信号机的光源,采用直丝双丝铁路信号灯泡。灯座用来安放灯泡,采用三维可调的定焦盘式灯座。透镜组装在镜架框上,由两块带棱的凸透镜组成,里面是有色外棱外凸透镜,外面是无色内棱内凸透镜。遮檐用来防止阳光等光线直射时产生错误的幻影显示。背板是黑色的,构成较暗的背景,可衬托高柱信号机灯光的亮度,改善瞭望条件。

4. XDZ 型多功能点灯单元

XDZ 型多功能信号点灯装置把信号灯泡的点灯和灯丝的转换结合成一体,取代了点灯变压器和灯丝转换继电器。其主要特点是采用软启动技术,且主、副灯丝断丝均能报警,它的电路原理图如图 2-2-3 所示。

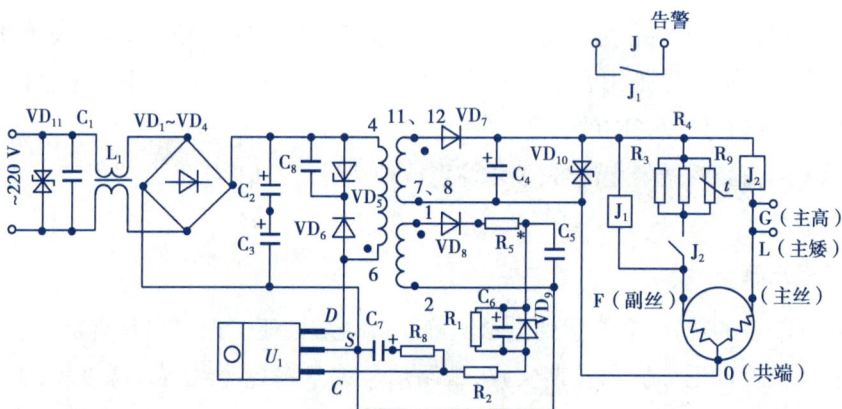

图 2-2-3　XDZ 型多功能信号点灯装置电路原理图

在主灯丝回路中串联着继电器 J_2,在副灯丝回路中串联着微电流继电器 J_1(工作电流 17 mA)。当主灯丝完好时,主灯丝点亮,J_2 吸起,J_1 也吸起,但副灯丝不会点亮,这时能检测副灯丝的完好。当主灯丝断丝时,J_2 断电落下,J_2 后接点闭合,自动转换至副灯丝点灯,且 J_1 被短路落下,通过 J_1 的后接点发出断丝报警。当主灯丝完好,副灯丝断丝时,J_1 断电落下,也发出报警。

5. LED 色灯信号机

LED 铁路色灯信号机构采用轻便、耐腐蚀的单灯铝合金机构,组合灵活、安装简单。显示距离超过 1.5 km 且清晰可辨,使用寿命可达 10^5 h,安全可靠。通过监测控制系统的电流,可监督信号显示系统的工作状态,预警异常情况有助于准确判断故障点,便于及时处理。LED 铁路信号机构质量大大减轻,便于施工安装,密封条件好,使用寿命长。用 LED 取代传统的双丝信号灯泡和透镜组,从而彻底消除灯泡断丝这一多发性的信号故障,可以做到免维护,结束了普通信号机定期更换信号灯泡的维修方式,减少维修工作量,节省维修费用。

6. 常见的信号机类型

(1)进站信号机

进站信号机一般采用高柱双机构,带引导信号机构,灯位自上而下为黄、绿、红、黄、月白。车站信号设备平面布置图(下行咽喉)如图 2-2-4 所示。

进站信号机的作用是防护车站,指示进站列车的运行条件,保证接车进路的正确和安全可靠。车站的列车入口处都必须装设进站信号机,按列车运行方向进行命名,上行用 S 表示,下行用 X 表示。若在车站一端有多个方向的线路接入,则在 S 或 X 的右下角加上该信号机所属线路名的汉语拼音字头,如东郊方面的下行进站信号机编为 X_D。

进站信号机对行车安全起着极其重要的作用,规定以显示停车信号——红灯为定位。在列车规定分级制动距离小于 800 m(列车速度 120 km/h 时的紧急制动距离)的显示距离规定如下:进站信号机的显示距离不得小于 1 000 m,引导信号的显示距离不得小于 200 m。四显示自动闭塞区段进站信号机显示见表 2-2-1。

表 2-2-1　四显示自动闭塞区段进站信号机显示

进站信号机	显　示	意　义
	一个绿色灯光	准许列车按规定速度经道岔直向位置进入或通过车站,表示运行前方至少有三个闭塞分区空闲
	一个黄色灯光	准许列车按限速要求越过该信号机,经道岔直向位置进入站内正线准备停车
	两个黄色灯光	准许列车按限速要求越过该信号机,经道岔侧向位置进入站内准备停车
	一个黄色闪光和一个黄色灯光	准许列车经过 18 号及其以上道岔侧向位置,进入站内越过次一架已经开放的信号机,且该信号机的进路,经道岔的直向位置或 18 号及其以上道岔的侧向位置
	一个红色灯光	不准列车越过该信号机
	一个绿色灯光和一个黄色灯光	准许列车按规定速度越过该信号机,经道岔直向位置进入站内,表示次一架信号机开放一个黄灯
	一个红色灯光和一个月白色灯光	准许列车在该信号机前方不停车,以不超过 20 km/h 速度进站或通过接车进路,并须准备随时停车

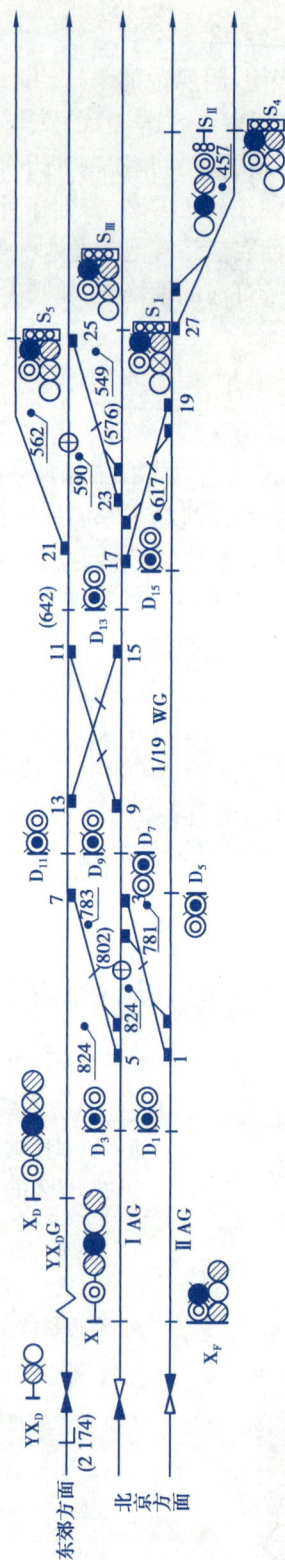

图 2-2-4　车站信号设备平面布置图（下行咽喉）

（2）出站信号机

四显示自动闭塞区段的高柱出站信号机,灯位自上而下为绿、红、黄、月白。矮型信号机将三显示机构设于左侧,上面为绿灯,下面为黄灯,中间间隔一个空灯位,二显示机构为月白、红,靠近线路。

出站信号机的作用是防护区间,作为列车占用区间的凭证,指示列车能否进入区间;与发车进路及敌对进路相联锁,信号开放后保证发车进路安全;指示列车在站内的停车位置。车站发车线(含救援列车停留线)端部必须装设出站信号机,按列车运行方向命名,上行用 S 表示,下行用 X 表示,在名称的右下角加股道号,如 S_1、X_4 等。

出站信号机对行车安全起着极其重要的作用,规定以显示停车信号——红灯为定位。在列车规定分级制动距离小于 800 m 的显示距离规定如下:高柱出站的显示距离不得小于800 m,矮型出站的显示距离不得小于 200 m。四显示自动闭塞区段出站信号机显示见表2-2-2。

表 2-2-2　四显示自动闭塞区段出站信号机显示

出站信号机	显　示	意　义
	一个绿色灯光	准许列车由车站出发,表示运行前方至少有三个闭塞分区空闲
	一个绿色灯光和一个黄色灯光	准许列车由车站出发,表示运行前方有两个闭塞分区空闲
	一个黄色灯光	准许列车由车站出发,表示运行前方有一个闭塞分区空闲
	一个红色灯光	不准列车越过该信号机
	两个绿色灯光	准许列车由车站出发,开往半自动闭塞区间
	一个月白色灯光	准许越过该信号机调车

（3）调车信号机

调车信号机采用二显示机构,灯位自上而下为月白、蓝,用以指示站内各种调车作业。调车信号机以 D 表示,在其右下角缀以顺序号。从列车到达方向顺序编号,下行咽喉用单号,上行咽喉用双号,如 D_1、D_4 等。

调车信号机以显示禁止调车信号——蓝灯为定位。调车信号机因调车速度低,对其显示距离要求不小于 200 m。调车信号机显示见表 2-2-3。

表 2-2-3　调车信号机显示

调车信号机	显 示	意 义
	一个蓝色灯光	不准越过该信号机调车
	一个月白色灯光	准许越过该信号机调车

（4）区间通过信号机

四显示自动闭塞区段的通过信号机采用三显示机构，灯位自上而下为绿、红、黄，用来防护闭塞分区，指示列车能否进入运行前方的闭塞分区。通过信号机的名称由该信号机坐标的千米数和百米数组成，下行方向编为奇数，上行方向编为偶数。例如在 100 km+350 m 处设置的通过信号机，下行方向的编为 1003，上行方向的编为 1004。

为提高区间通过能力，保证列车经常在绿灯下运行，规定通过信号机以显示进行信号为定位。在列车规定分级制动距离小于 800 m 的显示距离规定如下：通过信号机的显示距离不得小于 1 000 m。四显示自动闭塞区段通过信号机显示见表 2-2-4。

表 2-2-4　四显示自动闭塞区段通过信号机显示

区间通过信号机	显 示	意 义
	一个绿色灯光	准许列车按规定速度运行，表示运行前方至少有三个闭塞分区空闲
	一个绿色灯光和一个黄色灯光	准许列车按规定速度运行，要求注意准备减速，表示运行前方有两个闭塞分区空闲
	一个黄色灯光	要求列车减速运行，按规定限速要求越过该信号机，表示运行前方有一个闭塞分区空闲
	一个红色灯光	列车应在该信号机前停车

素质素养养成

1. 列车运行必须按照信号机的显示，红灯必须停车，绿灯或者黄灯才能向前运行。通过知识点的学习养成令行禁止的纪律意识。

2. 不同信号机的显示距离要求不同，在实际现场中，要根据相应要求进行精确调整，确保信号显示满足行车安全的需要。在各知识点学习过程中，形成精益求精的工匠精神。

任务分组

初步按照每4位同学为一个小组,填写任务分组表。

任务分组表

组号		小组 LOGO	
组名			
组训			
团队成员	学号	角色指派	职责
		组织者	任务组长,组织成员高效完成本次任务
		演讲者	对各知识点进行解读、讲述
		聆听者	倾听,积极参与交流,发表自己的想法
		摄影师	拍摄记录本次任务实施过程中的关键环节

说明:任务实施过程中,采用小组轮值制度,成员轮值担任各个角色,每位同学都可以锻炼组织管理能力、语言表达能力、聆听交流能力、拍摄记录能力。通过小组协作,实现团队合作、互帮互助、共同学习

任务实施

工作任务单

组号:＿＿＿＿ 姓名:＿＿＿＿ 学号:＿＿＿＿ 检索号:__2-2-1__

步骤引导:

1. 描述铁路信号的含义。

2. 描述透镜式色灯信号机的结构。

3. 描述透镜式色灯信号机的灯位组成。

4. 描述进站信号机、出站信号机、区间通过信号机的设置及显示意义。

完成情况:

步骤	理论(简要写出)	实践(已完成则打√)
1		
2		
3		
4		

任务评价

任务评价单1

组号：_____ 姓名：_____ 学号：_____ 检索号：__2-2-2__

个人自评表

班级		组号		日期	
评价指标	评价内容			分值	分数评定
信息检索能力	能有效利用互联网资源、图书馆资源查找有用的信息；能有效解决实际问题			10分	
感知课堂生活	熟悉信号工工作岗位，认同工作价值；在学习中能获得满足感			10分	
参与态度	组织者角色：认真思考、组织、管理			20分	
	演讲者角色：认真梳理、表达、讨论				
	聆听者角色：认真聆听、积极讨论				
	摄影师角色：认真参与、及时记录				
知识、能力获得情况	1. 能正确描述信号机的作用			10分	
	2. 能正确描述信号机的结构组成			10分	
	3. 能说出不同类型信号机的显示意义			20分	
	4. 能说出不同类型信号机的设置原则			20分	
	自评分数				
保持与发扬之处					
思考与提升之处					

任务评价单2

组号：_____　　姓名：_____　　学号：_____　　检索号：__2-2-3__

任务名称	任务2　识别信号机				
评价依据	工作任务单完成情况				
序号	评价内容		分值	评分标准	分数评定
1	正确描述信号机的作用	描述正确	5分	缺一个要点扣2分	
		思路清晰	5分	酌情评分	
2	描述信号机的结构组成	描述正确	5分	缺一个要点扣2分	
		思路清晰	5分	酌情评分	
3	不同类型信号机的显示意义	描述正确	20分	缺一个要点扣5分	
		思路清晰	10分	酌情评分	
4	不同类型信号机的设置原则	描述正确	20分	缺一个要点扣5分	
		表达流畅	10分	酌情评分	
5	素质素养评价	沟通交流能力	20分	酌情评分。违反课堂纪律,不听从组长、教师安排,不得分	
		团体意识			
		课堂纪律			
		合作探学			
		自主研学			
		令行禁止			
		精益求精			
评价分数					

任务评价单 3

组号：_____ 姓名：_____ 学号：_____ 检索号：_2-2-4_

总体评价表

姓名			学号		日期	
评价维度	评价主体	评价分数		比例	总分评定	
1	学生自评			40%		
2	企业导师评价			10%		
3	指导教师评价			50%		
说明：如企业导师未对该小组进行评价，则指导教师评价所占比例调整为60%						
优点						
待提升点						

任务提高

一、填空题

1. 铁路信号包括听觉信号和（_____）。

2. 按安装方式不同，信号机可分为（_____）、矮型信号机、信号托架和信号桥。

3. 铁路信号的基本色为（_____）三种，再以蓝色、月白色和紫色（仅做道岔表示器用）为辅助色，构成铁路信号的基本显示系统。

4. 出站信号机对行车安全起着极其重要的作用，故规定以显示（_____）为定位。

二、判断题

（　　）1. 信号显示距离是指从机车上能连续确认信号机显示的距离。

（　　）2. 出站信号机对行车安全起着极其重要的作用，故规定以显示停车信号——红灯为定位。

（　　）3. 在列车运行速度小于 120 km/h 时，预告信号机的显示距离规定为不小于400 m。

任务 3　识别轨道电路

防护盒封线不良造成红光带

1. 故障概况

××年 3 月 26 日,××站 3102DG 轨道电路区段出现红光带故障。

2. 故障分析

根据分线柜测量电压为交流 7.8 V,电流为 8 mA,惯性思维认为室外故障就应立即去室外查找。在室外查找过程中未发现异常,甩开受端回室内电缆测量软线有 38 V 电压,发现故障点在室内。

室内通过测量,电压突变点即为故障点,测得防护盒 7、11 端子有电压,原因是 11 端子插针接触不良,判断出 7、11 端子之间开路。

3. 故障处理

重新插接后红光带消失。

任务描述

轨道电路是以铁路线路的两根钢轨作为导体,两端加以机械绝缘(或电气绝缘),接上送电和受电设备构成的电路。对照轨道电路的实际设备,认识轨道电路的结构,识别轨道电路的部件,理解每个部件的作用。

任务目标

知识目标:

1. 描述轨道电路的作用。

2. 描述轨道电路的结构组成。

3. 总结轨道电路的测试方法。

4. 总结轨道电路的调整方法。

技能目标:

1. 展示说明轨道电路的测试方法。

2. 展示说明轨道电路的调整方法。

素养目标:

1. 养成爱护仪器仪表的良好习惯。

2. 养成精益求精的操作习惯。

任务分析

重点:

1. 轨道电路的作用。

2. 轨道电路的结构组成。

3. 轨道电路的测试方法。

4. 轨道电路的调整方法。

难点:

1. 轨道电路的测试方法。

2. 轨道电路的调整方法。

任务基础

1. 轨道电路的作用

轨道电路的第一个作用是监督列车的占用。当钢轨线路完整,且没有列车占用时,轨道继电器吸起,表示该区段空闲。轨道区段有车占用时,轮对起到分路作用,流经轨道继电器的电流大大减小,轨道继电器落下,表示该区段被占用。轨道电路示意图如图 2-3-1 所示。

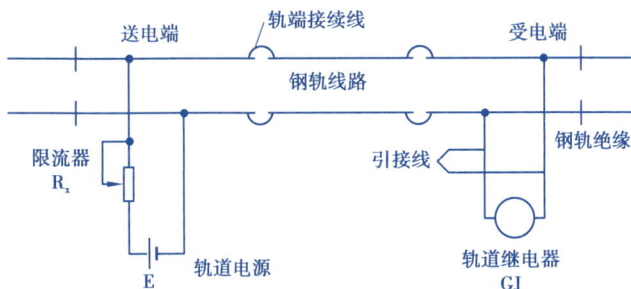

图 2-3-1 轨道电路示意图

轨道电路的第二个作用是传递行车信息。移频自动闭塞利用轨道电路中传递不同频率的信号反映前行列车的位置,确定各通过信号机的显示,为列车运行提供行车命令。

2. 轨道电路的应用

轨道电路主要用于区间和站内。

在自动闭塞区段,区间按照通过信号机的设置划分闭塞分区,每个闭塞分区设有轨道电路。

在集中联锁车站,列车进路和调车进路都必须安装轨道电路,牵出线、机待线、出库线、专用线及其他用途的尽头线入口处和调车信号机前方,虽不在进路之内,也应装设一段长度不小于 25 m 的轨道电路,用来保证信号开放后机车车辆接近时完成接近锁闭,及时了解上述线路是否有车接近或占用。

3. 钢轨绝缘

钢轨绝缘安装在轨道电路分界处,以保证相邻轨道电路之间可靠的电气绝缘,使它们互不影响。钢轨绝缘把两个轨道电路隔离成互不干扰的独立的电路单元,每个轨道电路单元称为轨道电路区段。站内轨道电路要划分为许多区段,以保证轨道电路可靠工作、排列平行进路的需要和便于车站作业。

4. 轨道电路连接线

轨道电路连接线主要包括钢轨引接线和钢轨接续线。钢轨引接线是连接轨道电路送受端变压器箱或电缆盒与钢轨的导线,为保证引接线的可靠性,现场使用单位多采用双引接线。钢轨接续线用于轨道电路接缝处的连接,以减小接触电阻。钢轨接续线分塞钉式和焊接式两种,为保证钢轨接续线的可靠性,现场使用中多采用双塞钉式钢轨接续线或一塞一焊接续线。

5. 25 Hz 相敏轨道电路的组成

25 Hz 相敏轨道电路的组成如图 2-3-2 所示,采用交流 25 Hz 电源连续供电,接收器一般采用微电子接收器,用于表示轨道电路的状态。

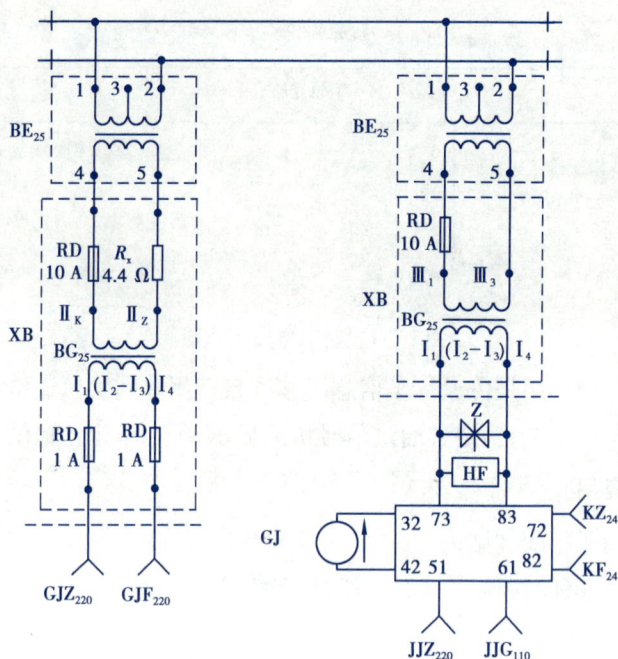

图 2-3-2　25 Hz 相敏轨道电路的组成

轨道区段有列车占用时,轨道电源被分路,GJ 落下。若频率、相位不符合要求时,GJ 也会落下。25 Hz 相敏轨道电路具有频率鉴别能力和相位鉴别能力,抗干扰性能较高。

25 Hz 轨道变压器用于电压变换和阻抗匹配,送电端与受电端所用型号相同。

在电气化牵引区段,为保证牵引电流顺利流过绝缘节,需在轨道电路送电端、受电端设置扼流变压器,轨道电路设备通过扼流变压器接向轨道,传递信号信息。

扼流变压器的安装

钢轨绝缘应保证相邻轨道电路之间可靠绝缘,互不影响。轨距杆、道岔连接杆、道岔连接垫板、尖端杆及转辙机的安装装置等,均应装设绝缘并保持绝缘良好。

防雷补偿器 QBF 有 FB-1 型和 FB-2 型。FB-1 型内设两套防雷补偿单元,FB-2 型内设一套防雷补偿单元。防雷补偿单元为对接的硒片和电容器,硒片用来防雷,电容器用来提高轨道电路局部线圈电路的功率因数,以减小变频器输出电流。

HF2-25 型防护盒由电感、电容串联而成,并接在轨道继电器的轨道线圈上,对 50 Hz 呈串联谐振,相当于 15 Ω 电阻,以抑制干扰电流。对 25 Hz 信号电流相当于 16 μF 电容,对 25 Hz 信号电流的无功分量进行补偿,起着减小轨道电路传输衰耗和相移的作用。

6. 轨道电路的极性交叉

轨道电路的极性交叉是为了实现对钢轨绝缘破损的防护,使绝缘节两侧的轨面电压具有不同的极性或相反的相位。

极性交叉的检查

轨道电路如果不按"极性交叉"的要求来配置极性,当相邻两区段中有一个区段为轮对所占用时,则在绝缘破损的情况下,经破损处电流在两个区段形成的回路中串电流将使相邻两区段发生电流相加的现象。

在无分支线路上,极性交叉的配置只需依次变换轨道电路供电电源的极性。在有分支线路上,因为道岔绝缘可以设在直股,也可设在弯股,不同的设置会影响整个车站极性交叉的配置。

7.25 Hz 相敏轨道电路的调整

轨道电路有三种工作状态,分别为调整状态、分路状态和断轨状态。调整状态下最不利的工作条件为钢轨阻抗最大、道砟电阻最小、电源电压最小。

(1)首先测试、调整 25 Hz 轨道电源屏

在电源屏输出电压、电流满足 25 Hz 相敏轨道电路技术条件下,方可进行轨道电路的标调工作。

(2)选定送、受电端变压器 BG_{25} 的变比

电码化区段变压器变比应固定,应确保同名端的正确连接。如果器材同名端有误,应及时更换,不许采取人工极性交叉方式解决,否则将破坏全站的相位交叉。

(3)选定送、受电端的限流电阻

按参考调整表(表 2-3-1)中的数值选定,不得随意调整,否则会破坏轨道电路的整体特性,尤其是分路特性。

表 2-3-1 限流电阻参考调整表

区段类型	区段长度/m	有扼流变压器			无扼流变压器		
		送电端/Ω	受电端/Ω	二次侧电压/V	送电端/Ω	受电端/Ω	二次侧电压/V
无岔区段	100～400	4.4	0	3.2～4.2	0.9	0	1.4～1.9
无岔区段	500～1 000	4.4	0	4.9～7.8	4.4	0	4.6～7.2
无岔区段	1 100～1 500	4.4	0	8.6～12.8	4.4	0	7.9～11.7
一送一受	100～400	4.4	0	3.3～4.4	1.6	0	2.0～2.9
一送二受	≤200	4.4	2.2	4.4～6.4	1.6	0	2.9～4.3
一送三受	≤200	4.4	2.2	5.9～8.9	1.6	0	4.0～5.0

(4)调整轨道电路供电变压器的电压

同时测量轨道继电器电压和相位角,使轨道继电器电压满足技术指标:调整状态时≥15 V,经验值为 20～26 V;分路状态时≤7.4 V,一般要达到 2.6 V 以下。对于电码化区段,调整方法为改变室内 BMT-25 的输出端子;对于非电码化区段,按调整参考表数值,改变送电端变压器 BG_{25} 二次侧电压。

8.ZPW-2000 型无绝缘轨道电路

ZPW-2000 型无绝缘轨道电路由设在室内的发送器、接收器、轨道继电器、电缆模拟网络和设在室外的调谐单元、空芯线圈、匹配变压器及若干补偿电容组成。

电气调谐区又称电气绝缘节,如图 2-3-3 所示,实现相邻轨道电路的隔离。调谐单元 BA 是构成电气绝缘节的主要部件。相邻轨道电路的载频不同,BA 的型号也不同。BA_1 型由 L_1、C_1 构成,BA_2 型由 L_2、C_2、C_3 构成。

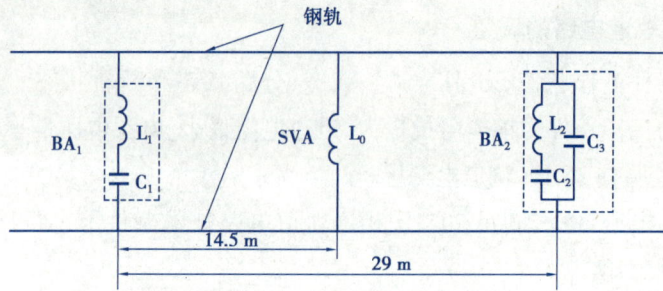

图 2-3-3　电气绝缘节

空芯线圈 SVA 用来平衡两钢轨间的不平衡电流,还参加调谐区的工作以及保证维修安全。补偿电容用于抵消钢轨的感性,保证轨道电路的传输距离。

ZPW-2000A 型无绝缘轨道电路的室内设备包括发送器、接收器、衰耗器和电缆模拟网络,室外设备包括调谐单元、空芯线圈、匹配变压器、补偿电容,如图 2-3-4 所示。

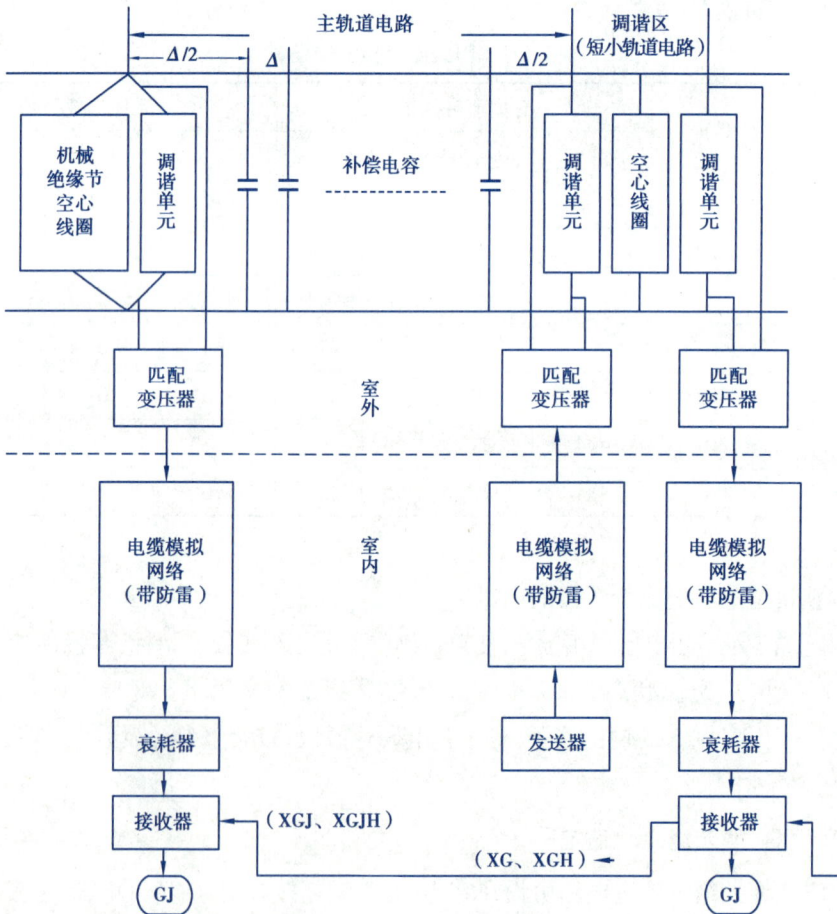

图 2-3-4　ZPW-2000A 型无绝缘轨道电路构成

接收器用来接收主轨道电路和相邻区段发送器在调谐区构成的信号。除接收本主轨道电路频率信号外,还同时接收相邻区段小轨道电路的频率信号。

素质素养养成

1.在轨道电路测试过程中,要调整万用表测试挡位,使用完毕之后要将挡位调在 OFF 挡。通过实际测试养成爱护仪器仪表的良好习惯。

2.在轨道电路的调整过程中,根据轨道区段的长度、钢轨引接线的长短、钢轨接续线的类型等因素,调整轨道变压器二次侧的接线端子。通过不同区段的不同数据要求,养成精益求精的操作习惯。

任务分组

初步按照每4位同学为一个小组,填写任务分组表。

任务分组表

组号			小组 LOGO	
组名				
组训				
团队成员	学号	角色指派	职责	
		组织者	任务组长,组织成员高效完成本次任务	
		演讲者	对各知识点进行解读、讲述	
		聆听者	倾听,积极参与交流,发表自己的想法	
		摄影师	拍摄记录本次任务实施过程中的关键环节	
说明:任务实施过程中,采用小组轮值制度,成员轮值担任各个角色,每位同学都可以锻炼组织管理能力、语言表达能力、聆听交流能力、拍摄记录能力。通过小组协作,实现团队合作、互帮互助、共同学习				

任务实施

工作任务单

组号:_____　姓名:_____　学号:_____　检索号:___2-3-1___

步骤引导:

1.描述轨道电路的作用。

2.总结轨道电路连接线的用途。

3.识别 25 Hz 相敏轨道电路的设备。

4.描述轨道电路的极性交叉的作用。

5.总结 25 Hz 相敏轨道电路的测试方法。

6.总结 ZPW-2000 型无绝缘轨道电路的组成。

完成情况：

步骤	理论（简要写出）	实践（已完成则打√）
1		
2		
3		
4		
5		
6		

任务评价

任务评价单 1

组号：_____　　姓名：_____　　学号：_____　　检索号：__2-3-2__

个人自评表

班级			组号			日期	
评价指标	评价内容					分值	分数评定
信息检索能力	能有效利用互联网资源、图书馆资源查找有用的信息；能有效解决实际问题					10 分	
感知课堂生活	熟悉信号工工作岗位，认同工作价值；在学习中能获得满足感					10 分	
参与态度	组织者角色：认真思考、组织、管理					20 分	
	演讲者角色：认真梳理、表达、讨论						
	聆听者角色：认真聆听、积极讨论						
	摄影师角色：认真参与、及时记录						
知识、能力获得情况	1. 能正确描述轨道电路的作用					10 分	
	2. 能正确描述轨道电路的结构组成					10 分	
	3. 能说出轨道电路的测试方法					20 分	
	4. 能说出轨道电路的调整方法					20 分	
自评分数							
保持与发扬之处							
思考与提升之处							

任务评价单2

组号：_____ 姓名：_____ 学号：_____ 检索号：__2-3-3__

指导教师评价表

任务名称		任务3 识别轨道电路			
评价依据		工作任务单完成情况			
序号	评价内容		分值	评分标准	分数评定
1	轨道电路作用	描述正确	5分	缺一个要点扣2分	
		思路清晰	5分	酌情评分	
2	轨道电路结构组成	描述正确	5分	缺一个要点扣2分	
		思路清晰	5分	酌情评分	
3	轨道电路测试方法	描述正确	20分	缺一个要点扣5分	
		思路清晰	10分	酌情评分	
4	轨道电路调整方法	描述正确	20分	缺一个要点扣2分	
		表达流畅	10分	酌情评分	
5	素质素养评价	沟通交流能力	20分	酌情评分。违反课堂纪律,不听从组长、教师安排,不得分	
		团体意识			
		课堂纪律			
		合作探学			
		自主研学			
		爱护仪表			
		精益求精			
评价分数					

任务评价单3

组号：＿＿＿＿＿＿ 姓名：＿＿＿＿＿＿ 学号：＿＿＿＿＿＿ 检索号：＿2-3-4＿

总体评价表

姓名			学号		日期	
评价维度	评价主体	评价分数		比例	总分评定	
1	学生自评			40%		
2	企业导师评价			10%		
3	指导教师评价			50%		
说明：如企业导师未对该小组进行评价，则指导教师评价所占比例调整为60%						
优点						
待提升点						

任务提高

一、填空题

1. 轨道电路是以铁路线路的（　　　　　）作为导体，两端加以机械绝缘（或电气绝缘），接上送电和受电设备构成的电路。

2. 轨道电路的作用主要是监督列车的占用和（　　　　　）。

3. 按分割方式，轨道电路可分为有绝缘轨道电路和（　　　　　）轨道电路。

4. 轨道电路连接线主要包括钢轨引接线和（　　　　　）。

二、判断题

（　　　）1. 25 Hz 轨道变压器用于 25 Hz 相敏轨道电压中作为供电电源和阻抗匹配用，送电端和受电端用的是同一型号。

（　　　）2. 极性交叉的作用，是要在绝缘破损的时候，相邻轨道电路的轨道继电器衔铁都能够可靠地落下，以实现"故障—安全"原则。

任务 4　识别转辙机

任务导入

新铁德奥道岔转换故障案例

1. 故障概况

××年9月21日12时52分,××高铁××站8#道岔(新铁德奥)定操反不到位,13时26分故障恢复,故障延时34 min。

2. 故障反思

新铁德奥道岔心轨与小尖轨由锁紧螺栓连接固定,以防止小尖轨翘头,影响动车通过安全。由于工务将小尖轨锁紧螺栓紧固过紧,影响了岔心轨与小尖轨在往曲股转换过程中的相对位移,增加了道岔转换阻力,造成道岔往曲股转换卡阻,转换不到底。

任务描述

道岔作为铁路线路联结和分歧的重要设备,是轨道中最薄弱的设施之一。铁路运输向高速、重载方向的发展,重轨、大号码道岔的采用,对其转换设备提出了更高的要求。转辙机是转辙装置的核心和主体,除转辙机本身外,还包括外锁闭装置(内锁式方式没有)和各类杆件、安装装置,它们共同完成道岔的转换和锁闭。

单开道岔主要尺寸

任务目标

知识目标：

1. 描述转辙机的作用。

2. 描述 ZYJ7 型电液转辙机的结构组成。

3. 总结 ZYJ7 型电液转辙机的动作过程。

4. 总结钩式外锁闭装置的工作过程。

技能目标：

1. 识别 ZYJ7 型电液转辙机的结构。

2. 识别钩式外锁闭装置的结构。

3. 展示说明 ZYJ7 型电液转辙机的动作过程。

素养目标：

1. 养成互帮互助的团队意识。

2. 养成精益求精的工匠精神。

任务分析

重点：

1. 转辙机的作用。

2. ZYJ7 型电液转辙机的结构组成。

3. ZYJ7 型电液转辙机的动作过程。

4. 钩式外锁闭装置的工作过程。

难点：

1. ZYJ7 型电液转辙机的动作过程。

2. 钩式外锁闭装置的工作过程。

任务基础

1. 转辙机的作用

转辙机具有 4 个作用。转换道岔的位置，根据需要转换至定位或反位；道岔转至所需位置并且密贴后，实现锁闭，防止外力转换道岔；正确地反映道岔的实际位置，道岔的尖轨密贴于基本轨后，给出相应的表示；道岔被挤或因故处于"四开"位置时，及时给出报警及表示。

对转辙机有如下要求。作为转换装置，应具有足够大的拉力，以带动尖轨作直线往返运动；当尖轨受阻不能运动到底时，应随时通过操纵使尖轨回复原位；作为锁闭装置，当尖轨和基本轨不密贴时，不应进行锁闭；一旦锁闭，应保证不致因车通过道岔时的振动而错误解锁；作为监督装置，应能正确地反映道岔的状态；作为保护装置，道岔被挤后，在未修复前不应再使道岔转换。

一组道岔由一台转辙机牵引的称为单机牵引,由两台转辙机牵引的称为双机牵引,由两台以上转辙机牵引的称为多机牵引。

2.电动液压转辙机概述

电动液压转辙机,简称电液转辙机,是利用电动机驱动、采用液压传动的方式完成道岔转换的转辙装置。电液转辙机简化了内部机械结构,降低了部件之间的机械磨损,大大减少了日常维修工作量,非常适用于提速道岔。但同时,液压传动方式对液压介质及器件的要求较高,对各控制元件的要求也较高,相对传动效率稍有偏低。目前的铁路现场中,在高速铁路中的提速道岔上大量采用了 ZYJ7 型电液转辙机。

3.ZYJ7 型电液转辙机

ZYJ7 型电液转辙机主要由 ZYJ7 型电液转辙机和 SH6 型转换锁闭器组成。ZYJ7 型电动液压转辙机通常称为主机,用于道岔第一牵引点。SH6 型转换锁闭器通常称为副机,用于第二、三等其他牵引点。主机与副机共用一套动力系统,两设备之间采用油管相连接,如图 2-4-1 所示。

ZYJ7型电液
转辙机的安装

图 2-4-1　现场中的 ZYJ7 型电液转辙机

(1)结构

ZYJ7 型电液转辙机的主机主要分为 4 个部分,分别是动力机构、转换锁闭机构、表示锁闭机构和手动安全机构。除此之外,还包括机盖和底壳等部件,如图 2-4-2 所示。

动作板　流量调节阀　滚轮　测压接头　二动接头　空动缸组　锁闭柱　油缸

锁块

移位标

保护管

五柱端子

锁闭铁

油标

接点组

注油孔

油泵

溢流阀　配线引出口　电子标签　接地螺栓　电机　惯性轮

动作杆

锁闭杆组

遮断器组

排污螺栓

手摇把插口

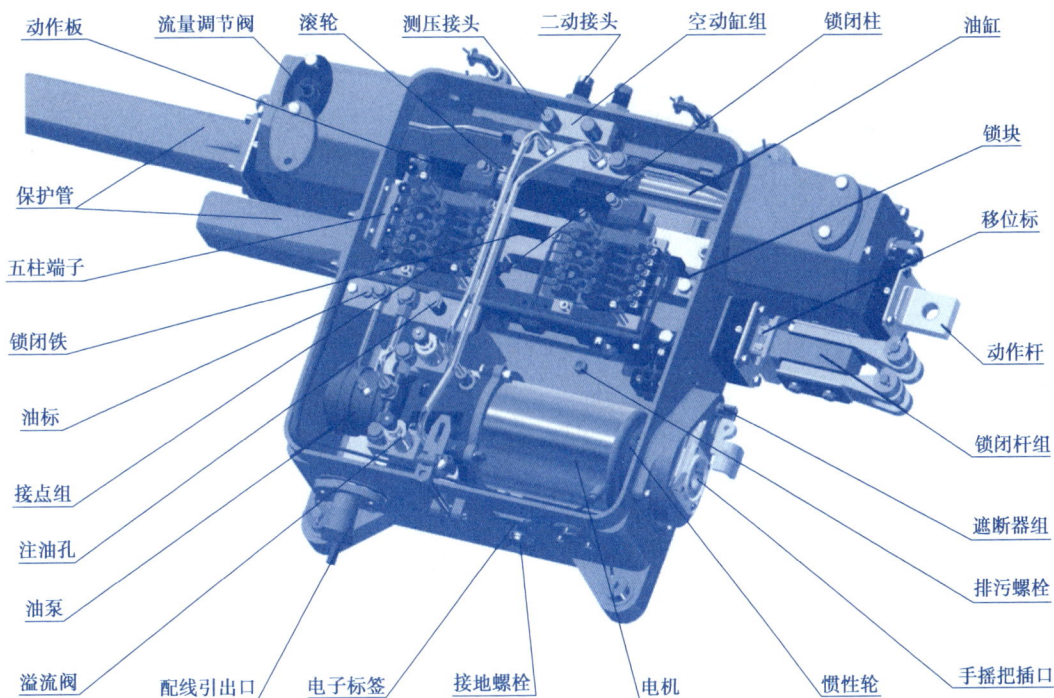

图 2-4-2　ZYJ7 型电液转辙机的结构

ZYJ7型电液
转辙机的结构

①动力机构。

动力机构为转辙机提供动力,主要由电动机、联轴器、油泵、油箱、溢流阀、单向阀、惯性轮、安装底板等部件组成,用以将电能转化为机械能,再将机械能转化为液压能,为转换锁闭机构提供液压能。

②转换锁闭机构。

转换锁闭机构主要用于转换道岔,并通过内部机械部件将动作杆固定在规定位置。动作杆锁处于锁闭状态时,能承受规定的轴向锁闭力,保证道岔尖轨或可动心轨的状态不被外力改变。转换锁闭机构主要由油缸活塞装置、调节阀、节流阀、动作杆、锁闭铁等部件组成。

③表示锁闭机构。

表示锁闭机构主要用于正确表示道岔尖轨或者可行心轨的实时位置状态,同时具有内锁闭的功能。表示锁闭机构主要由锁闭杆、接点组、锁闭柱、拉簧、接点架等部件组成。

④手动安全机构。

手动安全机构用于接通和断开安全接点。当使用手摇把人工扳动道岔时,先要断开安全接点,确保道岔启动电路已切断,才可以插入手摇把转换道岔。未经人工恢复,不能自动接通电动机的启动电路,有效保障室外工作人员的人身安全。

SH6 转换锁闭器主要由转换锁闭机构和挤脱表示机构两大部分,以及底壳与机盖组成,如图 2-4-3 所示。挤脱表示机构的作用是正确反映各牵引点处尖轨或可动心轨的状态,具有挤岔时自动断开道岔表示电路的功能,由挤脱接点组、表示杆等部件组成。

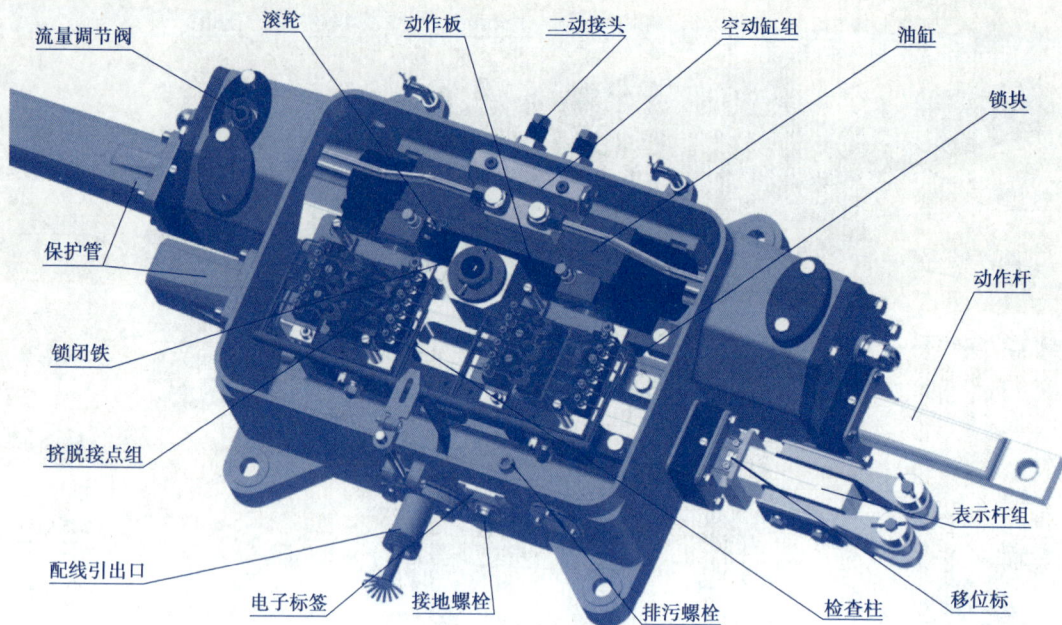

图 2-4-3 SH6 转换锁闭器的结构

SH6转换
锁闭器的结构

（2）机械动作原理

电动机通电开始工作，将电能转化为机械能，通过联轴器传动，带动油泵按照顺时针的方向进行旋转，油泵从油箱中泵出液压油，高压油经油管流入油缸中，因为活塞杆是两端固定的，所以只能使得油缸缸筒向右动作，固定在油缸侧面的推板随油缸一起向右移动。在推板的推动下，反位锁块跟随推板一起移动，带着动作杆同时向右移动。动作杆的移动带着外锁闭杆及道岔尖轨或可动心轨一起移动。经过解锁、转换、锁闭 3 个过程之后，完成道岔位置的转换。

（3）油路系统工作原理

油路系统（图 2-4-4）为闭式系统，当电机带油泵逆时针旋转时，油泵从油缸右侧腔吸入油，泵出的油使油缸左腔体积膨胀，油缸（主、副）向左侧移动。当油缸到位停止动作时，接点系统断开启动电源，接通新的表示电路。当不能到位时，泵从油箱经右边单向阀吸入油，泵出的油经左侧的滤油器和溢流阀回到油箱。

为改善交流电机的启动特性，油缸并联了启动缸。主机、副机进出油缸之处加装了流量调节阀，用于调节主机和副机在转换道岔时实现近似同步动作。

4. ZD（J）9 型电动转辙机

ZD（J）9 型电动转辙机是为满足我国铁路提速的需要研制的，借鉴了国内外成熟的先进技术，结合我国铁路线路和道岔的实际情况进行了优化设计，并根据道岔的不同转换动程和转换力以及交流、直流不同供电方式开发的系列产品，其具有转换力大、效率高等特点，既适用于多点牵引分动外锁闭道岔的转换，也可用于尖轨联动的内锁闭道岔的转换。

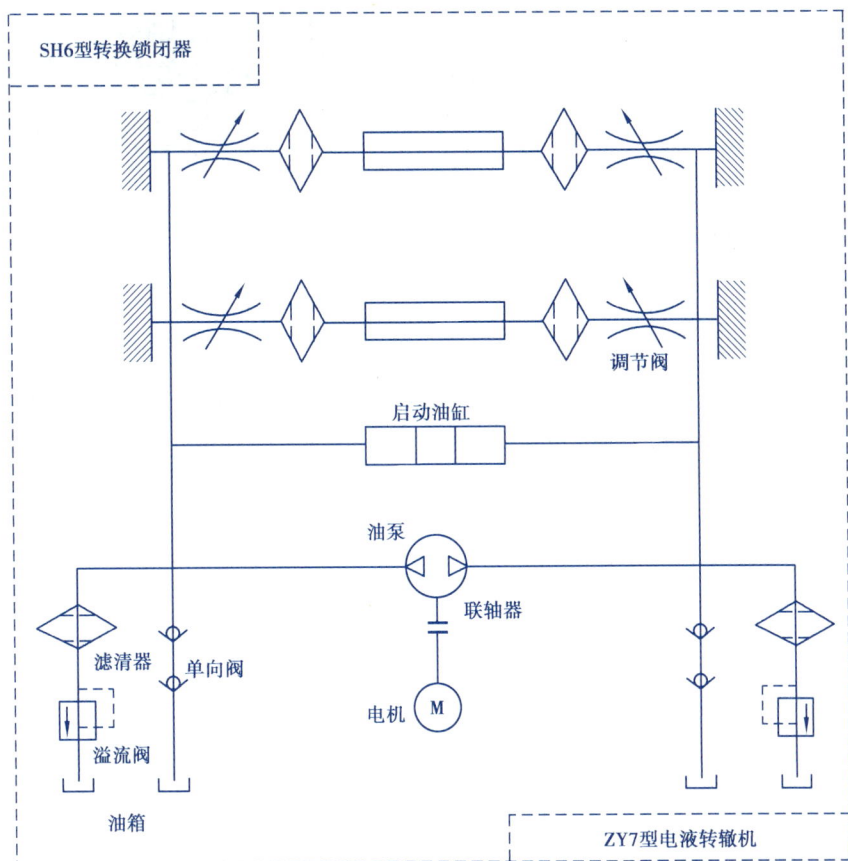

图 2-4-4 油路系统

5. 外锁闭装置

外锁闭装置能有效地克服道岔在尖轨密贴时的转换阻力,可靠地锁闭道岔尖轨和基本轨(心轨和翼轨),在锁闭状态下,能牢牢地把尖轨(心轨)与基本轨(翼轨)锁闭在一起,即使连杆折断,外锁闭装置仍在起着锁闭作用。同时,外锁闭装置能隔离列车通过时对转辙机的振动和冲击,提高转辙机的使用寿命和可靠性。

钩式外锁闭装置(图 2-4-5)的锁闭方式为垂直锁闭。锁闭力通过锁闭铁、锁闭框直接传给基本轨。锁闭铁和锁闭框基本不承受弯矩,锁闭更加可靠。钩式外锁闭装置分为分动尖轨用和可动心轨用两种。分动尖轨用钩式外锁闭装置由锁闭杆、锁钩、锁闭框、尖轨连接铁、锁轴、锁闭铁等组成。可动心轨用钩式外锁闭装置也由锁闭杆、锁钩、锁闭框、锁闭铁组成,但锁闭杆的尺寸、锁钩的外形与尖轨所用完全不同。

6. JM-A 型密贴检查器

JM-A 型密贴检查器既可以用于检查尖轨和心轨的密贴状态,也可以用于道岔挤岔时切断表示,由表示杆、启动片、速动片、接点组等组成。每台检查器设有 2 组表示接点和 2 组斥离接点。一台 JM-A 型密贴检查器仅能检查一根尖轨的密贴和斥离状态,因此每组道岔两根尖轨需要两台密贴检查器,分别安设在线路两侧。

图 2-4-5　钩式外锁闭装置

素质素养养成

1. 在 ZYJ7 型电液转辙机的结构识别过程中,认识各部件之间的相互配合与顺序传动过程,体会只有将各部件有机地融合起来,才能实现道岔的转换。由此养成互帮互助的团队意识,形成团队精神。

2. 在 ZYJ7 型电液转辙机动接点打入静接点的深度调整中,必须严格按照技术标准进行。动接点打入深度不够,会造成接触压力不足而引起接触不良。打入太深则可能会碰到静接点座造成不必要的振动而影响动接点的使用寿命。在技术标准的应用过程中养成精益求精的工匠精神。

任务分组

初步按照每 4 位同学为一个小组,填写任务分组表。

任务分组表

组号			小组 LOGO	
组名				
组训				
团队成员	学号	角色指派	职责	
		组织者	任务组长,组织成员高效完成本次任务	
		演讲者	对各知识点进行解读、讲述	
		聆听者	倾听,积极参与交流,发表自己的想法	
		摄影师	拍摄记录本次任务实施过程中的关键环节	
说明:任务实施过程中,采用小组轮值制度,成员轮值担任各个角色,每位同学都可以锻炼组织管理能力、语言表达能力、聆听交流能力、拍摄记录能力。通过小组协作,实现团队合作、互帮互助、共同学习				

任务实施

工作任务单

组号：＿＿＿＿＿　姓名：＿＿＿＿＿　学号：＿＿＿＿＿　检索号：＿2-4-1＿

步骤引导：

1. 描述转辙机的作用。

2. 描述对转辙机的基本要求。

3. 总结转辙机的设置。

4. 描述电液转辙机型号及含义。

5. 识别 ZYJ7 型电液转辙机的结构。

6. 总结 ZYJ7 型电液转辙机的机械动作过程。

7. 识别钩式外锁闭装置的结构。

8. 描述 JM-A 型密贴检查器的作用。

完成情况：

步骤	理论（简要写出）	实践（已完成则打√）
1		
2		
3		
4		
5		
6		
7		
8		

任务评价

任务评价单 1

组号：_____ 姓名：_____ 学号：_____ 检索号：__2-4-2__

个人自评表

班级		组号		日期	
评价指标	评价内容			分值	分数评定
信息检索能力	能有效利用互联网资源、图书馆资源查找有用的信息；能有效解决实际问题			10分	
感知课堂生活	熟悉信号工工作岗位，认同工作价值；在学习中能获得满足感			10分	
参与态度	组织者角色：认真思考、组织、管理			20分	
	演讲者角色：认真梳理、表达、讨论				
	聆听者角色：认真聆听、积极讨论				
	摄影师角色：认真参与、及时记录				
知识、能力获得情况	1.能正确描述转辙机的作用			10分	
	2.能正确描述 ZYJ7 转辙机的结构			10分	
	3.能说出 ZYJ7 型电液转辙机的动作过程			20分	
	4.能说出钩式外锁闭装置的工作过程			20分	
自评分数					
保持与发扬之处					
思考与提升之处					

任务评价单2

组号：_____ 姓名：_____ 学号：_____ 检索号：__2-4-3__

指导教师评价表

任务名称	任务4 识别转辙机				
评价依据	工作任务单完成情况				
序号	评价内容		分值	评分标准	分数评定
1	正确描述转辙机的作用	描述正确	5分	缺一个要点扣2分	
		思路清晰	5分	酌情评分	
2	ZYJ7型转辙机的结构	描述正确	5分	缺一个要点扣2分	
		思路清晰	5分	酌情评分	
3	ZYJ7型转辙机的动作	描述正确	20分	缺一个要点扣5分	
		思路清晰	10分	酌情评分	
4	钩式外锁闭装置的工作	描述正确	10分	缺一个要点扣2分	
		表达流畅	10分	酌情评分	
		思路清晰	10分	酌情评分	
5	素质素养评价	沟通交流能力	20分	酌情评分。违反课堂纪律,不听从组长、教师安排,不得分	
		团体意识			
		课堂纪律			
		合作探学			
		自主研学			
		工匠精神			
评价分数					

任务评价单3

组号：_____　姓名：_____　学号：_____　检索号：__2-4-4__

总体评价表

姓名		学号		日期	
评价维度	评价主体	评价分数	比例	总分评定	
1	学生自评		40%		
2	企业导师评价		10%		
3	指导教师评价		50%		
说明：如企业导师未对该小组进行评价，则指导教师评价所占比例调整为60%					
优点					
待提升点					

任务提高

一、填空题

1.(　　　　)是转辙装置的核心和主体，除其本身外，还包括锁闭装置和各类杆件、安装装置，它们共同完成道岔的转换和锁闭。

2.按动作能源和传动方式，转辙机可以分为电动转辙机、(　　　　)和电空转辙机。

3.ZYJ7型电液转辙机与(　　　　)型转换锁闭器配套用于多点牵引道岔上。

4.ZYJ7型电液转辙机主要由动力机构、(　　　　)、锁闭表示机构、手动安全机构等部分组成。

二、判断题

(　　　)1.道岔按其锁闭方式可分为内锁闭和外锁闭两种。

(　　　)2.外锁闭装置一旦进入锁闭状态，车辆过岔时，轮对对尖轨和心轨产生的侧向冲击力基本上不传到转辙机上。

任务 5　识别智能电源屏

我国首列氢能源智能城际动车组正式发布

1. 案例概况

2024 年 9 月 24 日,由中车青岛四方股份公司自主研制的我国首列氢能源智能城际动车组 CINOVA H2 在柏林国际轨道交通技术展上正式发布。该车采用氢动力,行驶全程实现"零"碳排放,而且运行速度、载客能力、续航里程等关键性能优于国际同类产品,将为非电气化铁路客运装备绿色升级注入全新动力。

2. 案例创新

氢能源智能城际动车组 CINOVA H2 搭载氢燃料电池,利用氢气和氧气的电化学反应产生电能驱动,与国际同类产品相比,"装得更多、跑得更快、行得更远"。

作为新型绿色轨道交通装备,该车堪称"环保达人"。车上氢燃料电池在整个反应过程中只生成水,车辆行驶全程"零"碳排放,不产生任何空气污染物。

列车拥有超高"智慧",采用前沿智能科技,实现日常行车、旅客服务、运用维护等全场景智能化。

任务描述

　　智能电源屏是一种高度综合、网络化、智能化的电源设备,其安全性和稳定性优于传统电源屏。同时,智能电源屏的监测系统能对系统进行实时监测,检测运行过程中出现的故障并作出警告,便于维修人员及时进行修整。这种设计使得智能电源屏在人身安全保护、电气火灾防护、过载短路保护、电磁干扰防护功能以及环保节能、系统隔离、微机监测、信息网络传输功能等方面,都得到了全面的改进和提高。这些特点使得智能电源屏在铁路信号系统中得到了广泛应用,并且成为铁路现代化的重要标志之一。

任务目标

　　知识目标:

　　1.描述智能电源屏的作用。

　　2.描述智能电源屏的结构特征。

　　3.总结智能电源屏电源模块的类型。

　　技能目标:

　　1.识别智能电源屏的结构。

　　2.展示说明智能电源屏电源模块的类型。

　　素养目标:

　　形成与时俱进的创新意识。

任务分析

　　重点:

　　1.智能电源屏的作用。

　　2.智能电源屏的结构特征。

　　3.智能电源屏电源模块的类型。

　　难点:

　　1.智能电源屏的结构特征。

　　2.智能电源屏电源模块的类型。

任务基础

　　1.信号智能电源屏概述

　　铁路信号智能电源屏是采用电力电子技术、模块化,具有监控功能的新型铁路信号电源系统,通常包括配电、模块、防雷、监控等。

　　信号智能电源屏的技术特征主要有:采用电力电子技术;模块化;引入智能监控,具有实时监测、报警、记录和故障定位功能。

　　信号智能电源屏可远程监控和集中监测组网,最终实现信号电源的无人值守;可实时监测系统的工作状态,故障及时显示和告警,并具有故障记忆功能;模块化设计,实现系统的免维修,少维护;电源模块采用无损伤热插拔技术,在线更换时间小于 3 min。

2. PDZG 系列信号智能电源屏

PDZG 系列智能信号电源系统能够根据不同的需求,方便地组成多种规格、不同容量的系统,满足各种信号设备的供电需求。

(1)电源模块

交流输入控制模块 AMS 为输入电源的控制模块。它对输入电源的电压进行实时监测,当任一相电压超出规定范围时,自动切换到备用模块工作,切换时间短,并能送出报警信号。

交流转辙机控制模块 AMC 为两路输入电源相序参数的实时监控模块。当电源断相、错相时,模块内部保护电路动作,自动断开工作控制回路,切换至备用模块工作,切换时间短,并送出报警信号。

交流稳压电源模块(AFD 系列)具有较高稳压精度。

交流隔离开关模块(BB 系列)是交流转辙机电源用模块,能有效地降低电动机启动时对电网的冲击。

交流隔离开关模块(BX 系列)是交流供电模块。具有"$n+1$"工作方式和"$1+1$"工作方式。

直流开关电源模块(AMZ 系列)为各直流负载提供电源,抗干扰能力强、稳压精度高、效率高,在恶劣的环境下能确保输出不间断。

25 Hz 开关电源模块(AMA-25D 系列)提供轨道电源和局部电源。

监测单元 JK 能对铁路信号电源系统中的各项参数和工作状态进行实时监测,并随时把监测结果显示在 LED 显示屏上。

(2)PDZG 系列电源屏配置

PDZG 智能型综合信号电源系统由净化稳压屏、交直流 A 屏、交直流 B 屏、交直流 C 屏组成。净化稳压屏主要实现两路交流电源的切换、交流稳压和系统监测及故障报警。交直流 A 屏为继电器、区间轨道、自动闭塞、站间联系电路、半自动闭塞、灯丝报警、直流转辙机、25 Hz 相敏轨道电路提供电源。交直流 B 屏为信号点灯、道岔表示、电码化、稳压备用、微机监测、表示灯、闪光、TDCS 提供电源。交直流 C 屏为交流转辙机提供电源,也称为交流转辙机屏。

素质素养养成

智能电源屏的主要功能包括两路输入电源的自动和手动转换,交流稳压电源内部故障后的不间断转非稳压直供,功能模块的变电、配电及隔离输出,功能模块的热插拔,以及各功能模块采取"n+1"冗余设计等。这些功能大大提高了电源设备的安全性和可靠性,满足了现代铁路运输行车生产需求和高新技术的发展需要。在分析过程中,认识新技术对信号设备的促进作用,形成与时俱进的创新意识。

任务分组

初步按照每4位同学为一个小组,填写任务分组表。

任务分组表

组号			
组名			小组 LOGO
组训			
团队成员	学号	角色指派	职责
		组织者	任务组长,组织成员高效完成本次任务
		演讲者	对各知识点进行解读、讲述
		聆听者	倾听,积极参与交流,发表自己的想法
		摄影师	拍摄记录本次任务实施过程中的关键环节

说明:任务实施过程中,采用小组轮值制度,成员轮值担任各个角色,每位同学都可以锻炼组织管理能力、语言表达能力、聆听交流能力、拍摄记录能力。通过小组协作,实现团队合作、互帮互助、共同学习

任务实施

工作任务单

组号:_____ 姓名:_____ 学号:_____ 检索号:____2-5-1____

步骤引导:

1. 描述信号智能电源屏的定义。

2. 描述信号智能电源屏的技术特征。

3. 总结 PDZG 系列信号智能电源屏的电源模块。

4. 总结 PDZG 系列信号智能电源屏的配置。

完成情况:

步骤	理论(简要写出)	实践(已完成则打√)
1		
2		
3		
4		

任务评价

任务评价单1

组号：_____ 姓名：_____ 学号：_____ 检索号：__2-5-2__

个人自评表

班级		组号		日期	
评价指标	评价内容			分值	分数评定
信息检索能力	能有效利用互联网资源、图书馆资源查找有用的信息；能有效解决实际问题			10分	
感知课堂生活	熟悉信号工工作岗位，认同工作价值；在学习中能获得满足感			10分	
参与态度	组织者角色：认真思考、组织、管理			20分	
	演讲者角色：认真梳理、表达、讨论				
	聆听者角色：认真聆听、积极讨论				
	摄影师角色：认真参与、及时记录				
知识、能力获得情况	1. 能正确描述智能电源屏的作用			10分	
	2. 能正确描述智能电源屏的结构特征			20分	
	3. 能说出智能电源屏电源模块的类型			30分	
自评分数					
保持与发扬之处					
思考与提升之处					

任务评价单 2

组号：_____ 姓名：_____ 学号：_____ 检索号：__2-5-3__

任务名称	任务 5　识别智能电源屏				
评价依据	工作任务单完成情况				
序号	评价内容		分值	评分标准	分数评定
1	智能电源屏的作用	描述正确	15 分	缺一个要点扣 5 分	
		思路清晰	5 分	酌情评分	
2	智能电源屏的技术特征	描述正确	20 分	缺一个要点扣 5 分	
		思路清晰	10 分	酌情评分	
3	PDZG 型智能电源屏的电源模块	描述正确	20 分	缺一个要点扣 5 分	
		思路清晰	10 分	酌情评分	
4	素质素养评价	沟通交流能力	20 分	酌情评分。违反课堂纪律,不听从组长、教师安排,不得分	
		团体意识			
		课堂纪律			
		合作探学			
		自主研学			
		与时俱进			
评价分数					

任务评价单3

组号：_____ 姓名：_____ 学号：_____ 检索号：__2-5-4__

总体评价表

姓名			学号		日期	
评价维度	评价主体	评价分数		比例	总分评定	
1	学生自评			40%		
2	企业导师评价			10%		
3	指导教师评价			50%		
说明：如企业导师未对该小组进行评价，则指导教师评价所占比例调整为60%						
优点						
待提升点						

任务提高

一、填空题

1. 智能电源屏的技术特征包括采用电力电子技术、（   ）、引入智能监控，具有实时监测、报警、记录和故障定位功能。

2. 智能电源屏电源模块采用无损伤热插拔技术，在线更换时间小于（   ）min。

3. PDZG 智能型综合信号电源系统由（   ）、交直流 A 屏、交直流 B 屏、交直流 C 屏组成。

二、判断题

（   ）1. 交流隔离开关模块（BB 系列）是交流转辙机电源用模块，能有效地降低电动机启动时对电网的冲击。

（   ）2. 监测单元 JK 能对铁路信号电源系统的各项参数和工作状态进行实时监测，并随时把监测结果显示在 LED 显示屏上。

项目三
计算机联锁系统应用

📖 项目情境

随着计算机技术、容错理论和可靠性技术的发展,人们可以利用计算机强大的计算和信息处理能力来实现道岔、进路、信号机之间的联锁关系,从而形成了计算机联锁系统。

计算机联锁系统具有高可靠性、高安全性、高灵活性、易于维护等特点,系统通过冗余比较或多数表决的方式实现故障-安全,输入输出接口电路遵循闭环工作原理,并采用动态脉冲形式的故障-安全电路,确保设备在故障情况下导向安全。系统各计算机之间逐步过渡为光纤连接并进行网络通信,信息采用特殊编码和多重冗余等措施,确保数据传输安全可靠。

📖 项目导学

```
                                      ┌─ 基本结构
                   ┌─ 计算机联锁系统基础知识 ─┤─ 工作原理
                   │                  ├─ 可靠性冗余结构
                   │                  └─ 安全性冗余结构
  计算机联锁
  系统应用 ─────────┤
                   │                  ┌─ 硬件结构
                   │                  ├─ 功能
                   └─ DS6-60型计算机联锁系统应用 ─┤
                                      ├─ 状态信息采集上传
                                      └─ 控制命令下达执行
```

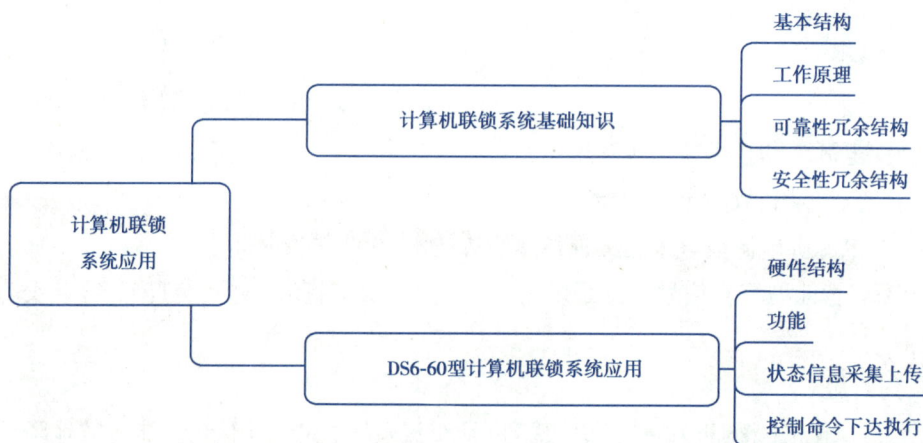

📖 项目学习指导

本项目结合计算机基础知识,利用联锁软件来实现信号设备之间的相互制约关系,通过互联网进行信息传输,完成对信号设备的控制和监督。读者应将计算机联锁系统进行模块化,分析每一个模块的功能,再将每一个模块串起来,从控制命令的下达执行和状态信息的采集上传两个方面进行分析,理解计算机联锁系统的工作过程,为后续课程学习打下坚实的基础。

📖 "1+X"职业技能等级标准

轨道交通自动控制系统装备运营维护职业技能等级标准(中级):

工作领域	工作任务	职业技能要求
2. 地面控制设备运用与维护	2.1 计算机联锁设备检查与维护	2.1.1 能按标准对设备进行检查与维护,完成机柜端子、配线安装、检查、紧固等。 2.1.2 能完成系统维护台的记录查询和下载。 2.1.3 能完成调度集中控制系统对联锁设备操作。 2.1.4 能进行故障板卡更换、接口插接不良等一般故障处理。 2.1.5 能完成单项设备联锁试验方案,并组织联锁试验

📖 励志人物

李辉:怀"匠心"、炼"匠行"、铸"匠魂"

作为一名继电保护工特级技师,李辉同志深耕云南电力生产一线 30 年,始终秉承"干一行、爱一行、精一行、成一行"的工作理念,多年来坚持学习、刻苦钻研,把理想之根深扎在技术革新上,把满腔热情倾注到电力事业中,用求实的态度、精湛的技能、创新的精神带领团队攻克多项技术难关,排除多起电网重大隐患,为电网的安全运行作出了重大贡献。

李辉曾获中华技能大奖、大国工匠、全国劳动模范、全国技术能手、中国电力教育协会技能人才培育突出贡献奖、中国电力楷模提名奖、中央企业先进职工、"兴滇英才支持计划"首

席技师、南方电网一等功、南网工匠、南网职工技术革新标兵等殊荣。

2024 年 3 月,李辉被评选为 2023 年"大国工匠年度人物"。

📖 生产案例

进站信号机瞬灭后自动恢复

1. 故障概况

××年 4 月 15 日,CTC 自动排列××站在通过进路时,S_{II} 进站信号机在由绿黄灯改点绿灯的灯光正常转变过程中,该信号机出现瞬间先变红灯后立即自动点绿灯的情况。

2. 原因分析

故障发生时间是列车刚好在信号即将开放的同一秒出清 $S_{II}LQG$,信号开放应由绿黄灯变为绿灯状态,联锁驱动 LUJ(绿黄继电器)改为驱动 LJ(绿继电器),LXJ(列车信号继电器)落下后又被驱动吸起,自动开放绿灯信号恢复正常。

3. 故障原因

根据站段及联锁厂家共同分析,确定故障原因如下所述。在此特殊场景情况下,联锁逻辑由绿黄灯转变为红灯后又再次恢复绿灯是因"开放绿黄灯信号"转变为"开放绿灯信号"导致,且过程相互独立,在采集未完成的情况下进行下一个动作,致使此故障的发生,属联锁软件缺陷。

任务 1   计算机联锁系统基础知识

"2·8"××线列车脱轨铁路交通较大事故

1. 事故概况

××××年 2 月 8 日 22 时 38 分,由××局集团公司 HXN3 型 0293 号机车牵引的××次货物列车以 30 km/h 速度运行至××线××站间时,机后 11 位至 16 位车辆在××隧道内脱轨,列车停于××线 K5+219 处。中断行车 23 小时 32 分,构成铁路交通较大事故。

2. 事故反思

××线 K5+462 处下行方向右股钢轨接头处的 1#和 2#夹板非金属夹杂物、1#夹板拉伸与硬度均不满足有关技术要求,导致两块夹板发生疲劳断裂。夹板断裂后,在车轮的冲击下引发与其相连接的 60～50 kg/m 异型轨折断并甩头,使车辆运行至断轨处脱轨,是事故发生的直接原因。

××局集团公司××工务段对再用夹板上线使用前未认真鉴定,上线使用后日常检修不到位,是事故发生的重要原因。

任务描述

计算机联锁系统是铁路交通中不可或缺的一部分,利用计算机技术实现对铁路信号设备的集中控制,提高车站通过能力,保障行车安全。随着科技的不断进步,计算机联锁系统也将不断发展和完善,为铁路运输的安全和高效提供更加可靠的保障。

任务目标

知识目标:

1. 描述计算机联锁系统的基本结构。

2. 总结计算机联锁系统的工作原理。

3. 描述可靠性冗余结构的工作原理。

4. 描述安全性冗余结构的工作原理。

技能目标:

1. 识别计算机联锁系统的结构。

2. 展示说明计算机联锁系统的工作原理。

素养目标:

1. 养成各司其职的敬业精神。

2. 形成良好的安全意识。

任务分析

重点:

1. 计算机联锁系统的基本结构。

2. 计算机联锁系统的工作原理。

3. 可靠性冗余结构的工作原理。

4. 安全性冗余结构的工作原理。

难点:

1. 计算机联锁系统的基本结构。

2. 计算机联锁系统的工作原理。

任务基础

1. 定义

计算机联锁是以计算机技术为核心,采用通信技术、可靠性与容错技术及"故障-安全"技术,实现铁路车站联锁要求的实时控制系统。

计算机联锁通过运行联锁软件实现联锁关系。计算机软硬件的可靠性、容错性、"故障-安全"性是计算机联锁必须充分考虑的因素,各设备之间必须采用稳定可靠的通信方式。

2. 功能

利用计算机的快速信息处理能力、储存能力和联网能力,计算机联锁系统可方便地实现车站诸多控制功能。

(1)联锁控制功能

系统能根据车站行车安全的需要,在规定的联锁条件和规定的时序下自动对进路、信号和道岔实行控制。通过在联锁软件中增加相应的功能模块,加上少量的硬件电路,系统可实现一些特殊电路的联锁功能。

(2)显示功能

系统采用大屏幕显示器,提供更加丰富、直观的显示信息。

(3)记录存储和故障诊断功能

利用计算机的信息处理能力和存储容量大的优点,计算机联锁系统为实现系统维护、行车管理自动化奠定了基础。系统可按时间顺序自动记录和储存车站值班员按钮操作情况、现场设备动作情况和行车作业情况,提供图像再现功能,实现进路储存和自动办理,具有集中监测和报警功能。

(4)语音提示功能

通过音响设备在控制台上播放提示信息,当有多条信息需要同时播放时,这些信息轮流播放。

(5)结合功能

利用标准化的通信接口板、网络接口板以及通信规程,可直接与现代化信息处理系统(如调度集中系统、集中监测系统、列车运行控制系统等)联网进行数据交换。

3. 基本结构

计算机联锁系统按各部分功能的不同,采用的层次结构如图3-1-1所示。

人机会话层由监视控制机和电务维修机构成。监视控制机简称监控机,接收来自控制台和车站值班员下达的各种操作命令,并将命令信息下发给联锁机;接收联锁机提供的现场设备和列车运行状态信息,并将状态信息在显示器上实时显示出来。

电务维修机实时显示站场情况,存储各种工作信息,可回放历史作业过程,对相应数据进行显示、分析、统计和打印,在电务维修人员维修维护设备时,为故障分析和处理提供帮助。

联锁控制层由联锁机构成,用于实现信号设备的联锁逻辑处理功能,完成进路确选、锁闭,输出开放信号和转换道岔的控制命令,往上与监控机联系,往下与I/O接口层联系。

I/O接口层由采集驱动电路和继电电路构成,是计算机联锁与控制对象之间的接口,也是控制命令和状态信息的传送站。一方面接收和校核来自联锁机的控制命令,驱动相应继电器动作,接通控制电路;另一方面采集现场设备的状态信息,将状态信息传至联锁机。

4. 可靠性与安全性冗余结构

计算机联锁系统是实时控制系统,采用冗余技术从软件、硬件方面使各组成模块构成冗余结构,确保整个系统的高可靠性和高安全性。

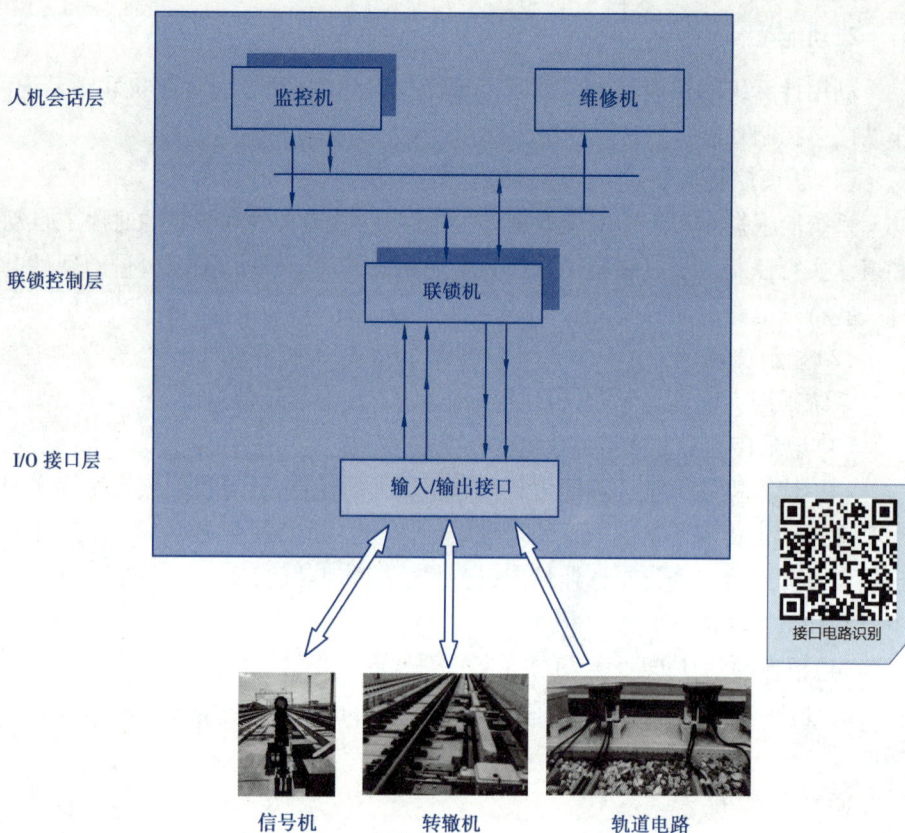

图 3-1-1　计算机联锁系统的层次结构

（1）可靠性冗余结构

可靠性冗余结构是为了使系统的可靠性指标达到或者超过目标值而采取的冗余结构，通常采用双机热备的二重结构，如图 3-1-2 所示。完全相同的系统 A、B 互为备用，当正在输出的系统出现故障时，由切换电路切换至另一系统输出。常用的双机热备型计算机联锁系统有 DS6-11 型、TYJL-Ⅱ型、JD-IA 型、CIS-1 型等。

图 3-1-2　可靠性冗余结构图

图 3-1-3　安全性冗余结构

（2）安全性冗余结构

安全性冗余结构是为了使系统的安全性指标达到或超过目标值而采取的冗余结构，往往采用双机同时工作并彼此间进行频繁比较的"二取二"二重结构，如图 3-1-3 所示。完全相同的系统 A、B 同时工作，比较电路对其计算结果进行比较，如两个结果相同，则输出该结果；如两个结果不相同，则不输出。

（3）可靠性与安全性冗余结构

可靠性与安全性冗余结构是可靠性冗余结构和安全性冗余结构的结合，既有比较高的可靠性，又有比较高的安全性，称为二乘二取二结构，如图 3-1-4 所示。

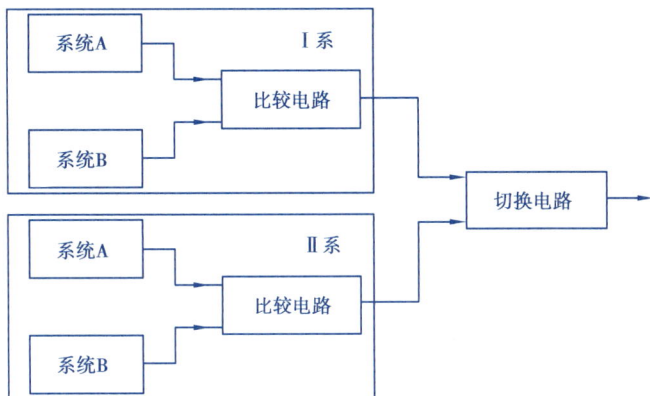

图 3-1-4　二乘二取二冗余结构

常用的二乘二取二型的计算机联锁系统有 DS6-60 型、TYJL-ADX 型、EI32-JD 型、iLOCK 型等。

5.全电子联锁系统

iLOCK-E 型全电子计算机联锁系统是卡斯柯在既有 iLOCK 型计算机联锁系统的基础上，集成自主研发的电子执行单元子系统，实现了轨旁设备直驱直采的功能。系统采用"二乘二取二"结构，核心安全平台已通过国际第三方 SIL4 级安全认证。

卡斯柯为老挝塔纳楞站提供了 iLOCK-E 型全电子计算机联锁系统，是首套走出国门的全电子计算机联锁系统。作为铁路信号控制的新一代联锁设备，全电子计算机联锁系统安全性高、体积小、功能强大、组网能力强，可为铁路自动化、信息化提供必要的基础信息，是铁路信号未来的发展方向。

素质素养养成

1.计算机联锁系统基本结构包含人机交换、联锁运算、采集驱动等多个功能，要实现每个功能都离不开相对应的设备，这些设备都默默地实现自己的功能，完成自己的任务。读者通过学习、分析、思考，可养成各司其职的敬业精神。

2.在计算机联锁系统可靠性和安全性冗余结构分析过程中，用增加设备投入的方式换取可靠性的提高和安全性的提升，确保系统工作的稳定性和安全性，进而保证列车运行安全。读者通过学习和思考，可形成良好的安全意识。

任务分组

初步按照每 4 位同学为一个小组，填写任务分组表。

任务分组表

组号		小组 LOGO	
组名			
组训			
团队成员	学号	角色指派	职责
		组织者	任务组长,组织成员高效完成本次任务
		演讲者	对各知识点进行解读、讲述
		聆听者	倾听,积极参与交流,发表自己的想法
		摄影师	拍摄记录本次任务实施过程中的关键环节

说明:任务实施过程中,采用小组轮值制度,成员轮值担任各个角色,每位同学都可以锻炼组织管理能力、语言表达能力、聆听交流能力、拍摄记录能力。通过小组协作,实现团队合作、互帮互助、共同学习

任务实施

工作任务单

组号:_____ 姓名:_____ 学号:_____ 检索号:___3-1-1___

步骤引导:

1. 描述计算机联锁系统的定义。

2. 描述计算机联锁系统的功能。

3. 总结计算机联锁系统的工作原理。

4. 描述可靠性冗余结构的工作原理。

5. 描述安全性冗余结构的工作原理。

完成情况:

步骤	理论(简要写出)	实践(已完成则打√)
1		
2		
3		
4		
5		

任务评价

任务评价单 1

组号：_____　姓名：_____　学号：_____　检索号：__3-1-2__

个人自评表

班级		组号		日期	
评价指标	评价内容			分值	分数评定
信息检索能力	能有效利用互联网资源、图书馆资源查找有用的信息；能有效解决实际问题			10分	
感知课堂生活	熟悉信号工工作岗位，认同工作价值；在学习中能获得满足感			10分	
参与态度	组织者角色：认真思考、组织、管理			20分	
	演讲者角色：认真梳理、表达、讨论				
	聆听者角色：认真聆听、积极讨论				
	摄影师角色：认真参与、及时记录				
知识、能力获得情况	1.能正确描述计算机联锁系统的基本结构			20分	
	2.能说出计算机联锁系统的工作原理			20分	
	3.能正确描述可靠性冗余结构的工作原理			10分	
	4.能正确描述安全性冗余结构的工作原理			10分	
自评分数					
保持与发扬之处					
思考与提升之处					

任务评价单2

组号：_____ 姓名：_____ 学号：_____ 检索号：__3-1-3__

指导教师评价表

任务名称	任务1　计算机联锁系统基础知识				
评价依据	工作任务单完成情况				
序号	评价内容		分值	评分标准	分数评定
1	计算机联锁系统的结构	描述正确	15分	缺一个要点扣2分	
		思路清晰	10分	酌情评分	
2	计算机联锁系统的原理	描述正确	15分	缺一个要点扣2分	
		思路清晰	10分	酌情评分	
3	可靠性冗余结构的原理	描述正确	10分	缺一个要点扣5分	
		思路清晰	5分	酌情评分	
4	安全性冗余结构的原理	描述正确	10分	缺一个要点扣2分	
		表达流畅	5分	酌情评分	
5	素质素养评价	沟通交流能力	20分	酌情评分。违反课堂纪律,不听从组长、教师安排,不得分	
		团体意识			
		课堂纪律			
		合作探学			
		自主研学			
		敬业精神			
		安全意识			
评价分数					

任务评价单 3

组号：_____　姓名：_____　学号：_____　检索号：__3-1-4__

总体评价表

姓名		学号		日期	
评价维度	评价主体	评价分数	比例	总分评定	
1	学生自评		40%		
2	企业导师评价		10%		
3	指导教师评价		50%		
说明:如企业导师未对该小组进行评价,则指导教师评价所占比例调整为60%					
优点					
待提升点					

任务提高

一、填空题

1.计算机联锁是以计算机技术为核心,采用通信技术、可靠性与容错技术以及(　　　　　)技术实现铁路车站联锁要求的实时控制系统。

2.计算机联锁是用计算机运行(　　　　)来实现联锁关系的。

3.I/O 接口层由具有(　　　　)、驱动功能的电路和继电器电路构成。

4.(　　　　)冗余结构是指完全相同的系统 A、B 互为备用,当正在工作的系统出现故障不能产生输出时,就由切换电路切换使用另一系统的输出。

二、判断题

(　　)1.计算机联锁系统可以最大限度地利用软、硬件资源及冗余和其他容错技术,因此可靠性与安全性更高。

(　　)2.计算机联锁系统的安全性冗余结构就是指为了使系统的安全性指标达到或超过目标值而采取的冗余结构。

任务 2　DS6-60 型计算机联锁系统应用

任务导入

最高运行时速 300 km，复兴号智能动卧首次投运

1. 案例概况

2024 年 10 月 1 日起，来往香港西九龙站与北京西站、上海虹桥站间的高铁动卧列车，将全面提质升级为"复兴号"智能动卧列车，这也是"复兴号"高铁卧铺列车首次投运。北京西站至香港西九龙站的 D909/910 次升级为 G897/898 次，上海虹桥站至香港西九龙站的 D907/908 次升级为 G899/900 次。

复兴号智能动卧列车全列编组 16 辆，由 2 辆座位车、1 辆餐车/卧铺车、13 辆卧铺车组成，与现有京港、沪港和谐号动卧相比，总定员有所增加，共 652 人，其中特等座 24 人、二等座 90 人、卧铺 538 人。列车采用以太网控车、车载安全监测、手持移动终端巡查等智能运维系统，进一步提升了列车运行安全等方面的智能化水平，安全可靠性更强。

2. 案例创新

提质升级后，京港、沪港间高铁动卧列车最高运行时速由 250 km 提高到 300 km，旅行时间均有不同程度压缩，进一步提升了内地与香港间跨境旅客运输服务品质，更好地满足了旅客对美好旅行生活的需求，对促进香港与内地间人员、经贸和文化往来，具有重要意义。

任务描述

以 200 km/h 为代表的第六次提速和客运专线的建设,对计算机联锁的安全性和可靠性提出了更高的要求。铁路相关技术规定:高速铁路和客运专线必须采用二乘二取二型计算机联锁。

DS6-60 型计算机联锁系统是北京全路通信信号研究设计院有限公司在引进、消化和吸收国际先进计算机联锁技术基础上,继承和发扬自身技术优势,自主创新研发的一套符合欧洲铁路安全标准的计算机联锁系统。以计算机作为主要技术手段实现车站联锁的信号系统,将车站内所有纳入联锁的信号机、轨道电路及道岔等相对独立的信号设备构成一种既相互联系又相互制约的联锁关系,并进行集中控制,是保证行车安全的控制系统。

任务目标

知识目标:

1. 描述 DS6-60 型计算机联锁系统的硬件结构。

2. 总结电务维护子系统的功能。

3. 总结控制命令下达执行的工作过程。

4. 总结系统外部接口的设置种类。

技能目标:

1. 识别系统的整体配置。

2. 展示说明控制命令下达执行的工作过程。

素养目标:

1. 形成遵章守纪的规则意识。

2. 养成精诚合作的团队精神。

任务分析

重点:

1. DS6-60 型计算机联锁系统的硬件结构。

2. 电务维护子系统的功能。

3. 控制命令下达执行的工作过程。

4. 系统外部接口的设置种类。

难点:

1. 控制命令下达执行的工作过程。

2. 系统外部接口的设置种类。

室内机柜安装
间隔距离要求

任务基础

1.设备安装和运行环境

①工作温度:0~40 ℃。

②相对湿度:≤90%(室温+25 ℃)。

③大气压力:74.8~106.2 kPa(相当于海拔不超过2 500 m)。

④室内应采取防静电、防尘等措施,周围无腐蚀性和引起爆炸危险的有害气体。

⑤引入外电源的零地电位差不大于1.0 V。

⑥计算机设备场地应符合《计算机场地通用规范》(GB/T 2887—2011)所规定开机时的C级要求。

2.系统特点

DS6-60型计算机联锁系统具有二乘二取二的冗余结构,遵循安全性原则,实现车站联锁的控制。系统具有以下特点:

①结构简单、合理,安全性和可靠性达到国际标准。

②符合中国现行计算机联锁技术标准,满足中国铁路各种站场和运输作业需求。

③具备与无线闭塞中心、列控中心、调度集中、信号集中监测等信号系统接口的功能。

④具有配套的离线数据生成、系统配置软件和测试软件,数据可靠性强,程序与数据分离,具有高安全性。

⑤内部各子系统间全部采用光缆连接,保证了系统内部信息通道的高可靠性。

⑥联锁双系中每系均包括两个独立的CPU单元,两个CPU单元实现二取二比较,只有两个CPU的运算结果一致才能对外输出;双系中每系两个CPU单元的软件分别采用不同编译器编译,可以有效防止编译器产生共模错误,使系统具有高安全性。

⑦输入采集单元采用静态采集方式,由输入采集机笼内的两个独立CPU单元分别进行采集,由联锁逻辑部对采集结果进行比较,比较一致认为采集数据有效,否则采集数据无效,构成二取二故障-安全采集。

⑧输出单元采用双断控制,动态和静态两路驱动串联输出,静态和动态输出分别由输出机笼内的两个独立的CPU单元控制,当一路输出无效时,总输出则为无效,构成硬件相异的二取二故障-安全输出。

⑨支持区域集中联锁控制,通过在中心站设一套联锁主机,能实现多个车站的集中控制,控制范围广,控制距离最远可达40 km。

⑩自诊断功能完善,故障报警定位准确;具有图形再现和打印功能;提供远程诊断功能。

3.系统结构

DS6-60系统中所有涉及安全信息处理和传输的部件均按照"故障-安全"原则采取了双重系统结构设计,任何单点故障都不会影响系统的正常使用,以满足铁路车站信号控制设备高可靠和高安全的使用要求。

（1）系统配置

DS6-60 型客专车站联锁系统适用于采用 CTCS-2 级和 CTCS-3 级列车运行控制系统的客运专线车站或线路所,配置有操作显示设备、联锁柜、输入输出柜、综合柜等设备,系统结构如图 3-2-1 所示。

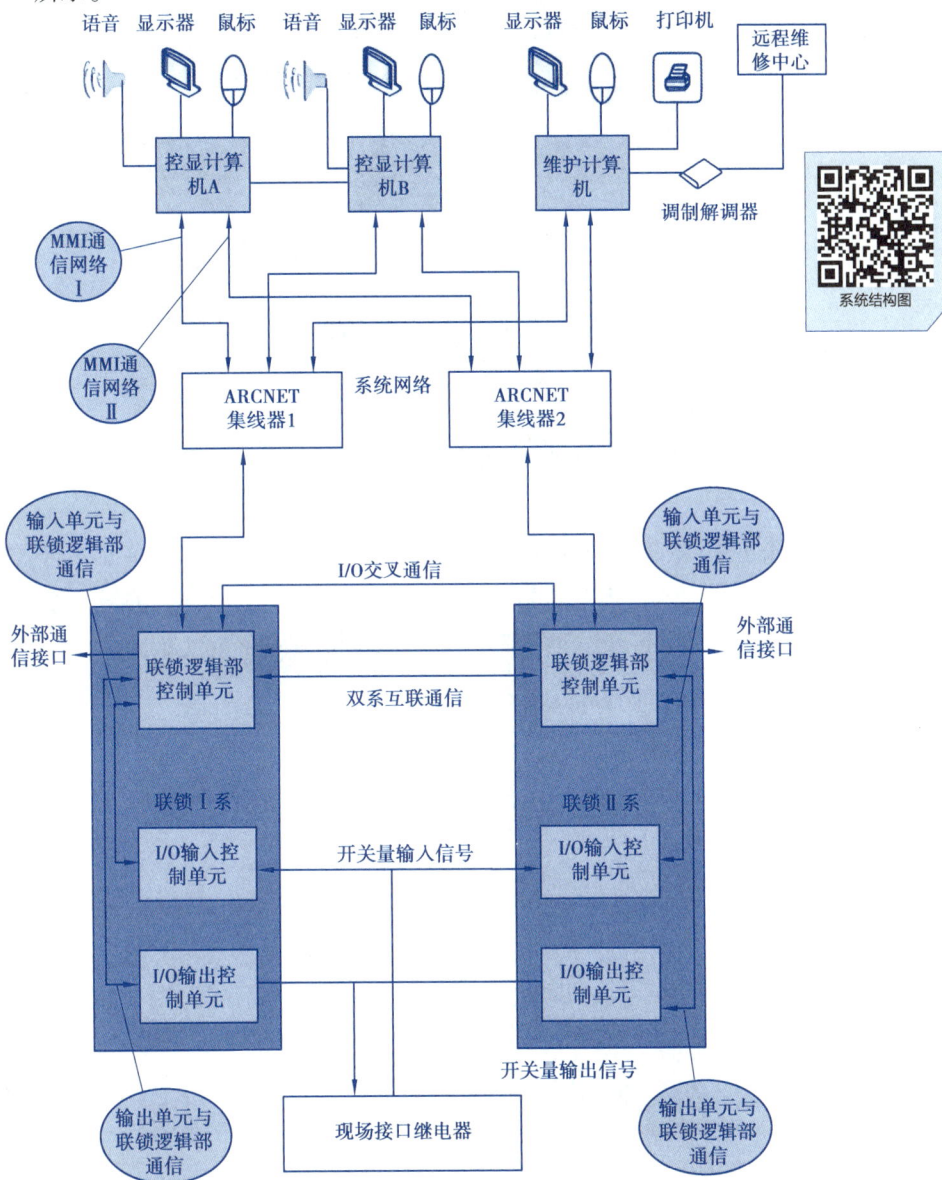

图 3-2-1 系统结构图

操作显示设备设在运转室,显示设备为液晶显示器,操作设备为鼠标。

一台联锁柜(图 3-2-2)内安装联锁逻辑部 2 套、控显工控机 2 台、ARCNET 集线器 2 台。如配置远程控显站,联锁柜中需增设交换机,综合柜中增设 ODF 光纤接线盒。

图 3-2-2　联锁柜

　　一台输入输出柜(图 3-2-3)内安装输出浪涌防护单元 1 台、输出单元 2 台、输入浪涌防护单元 1 台、输入单元 2 台,当采集超过 640 位或驱动超过 160 位时,需增设输入输出柜。

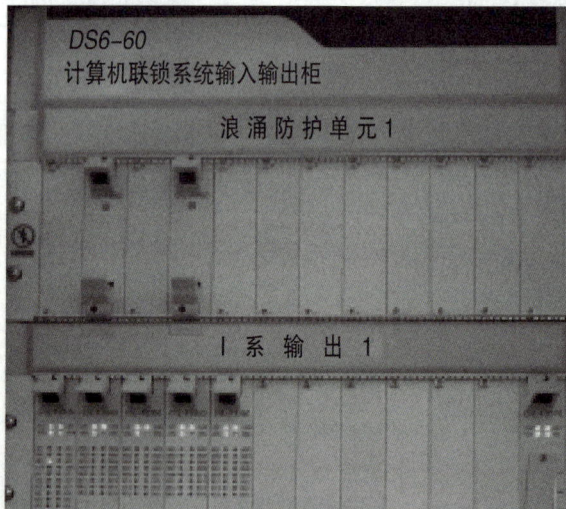

图 3-2-3　输入输出柜

　　一台综合柜(图 3-2-4)内安装逻辑 24 V 电源 2 台、接口 24 V 电源 2 台、维护机操作显示终端 1 套(含维护工控机、打印机、显示器及鼠标等外设),站场规模较大时,逻辑电源需增加。

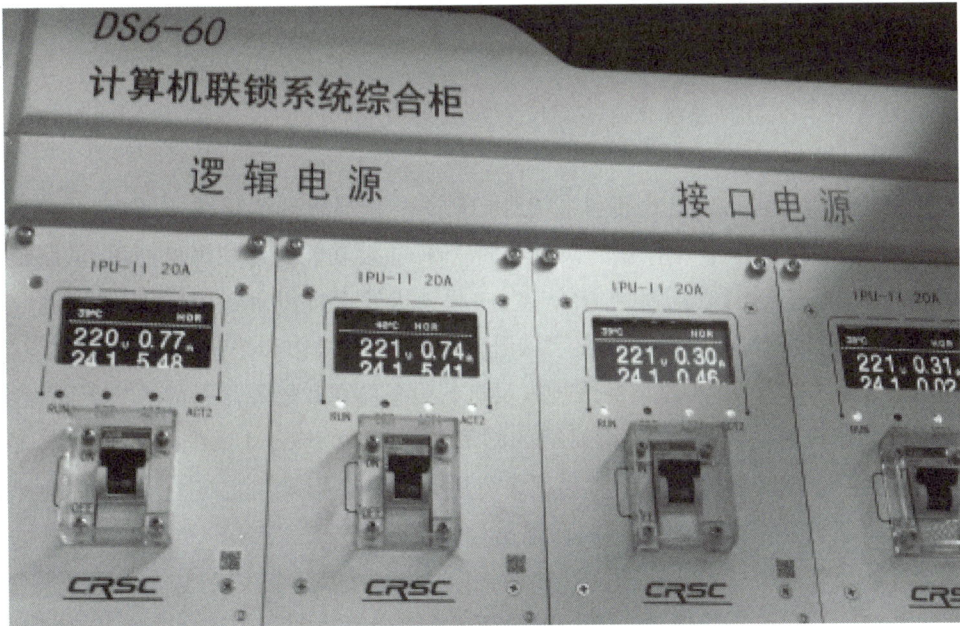

图 3-2-4 综合柜

（2）硬件结构

DS6-60 型计算机联锁系统硬件体系结构自上而下由人机会话层、安全运算层和执行表示层三个层次构成，如图 3-2-5 所示。

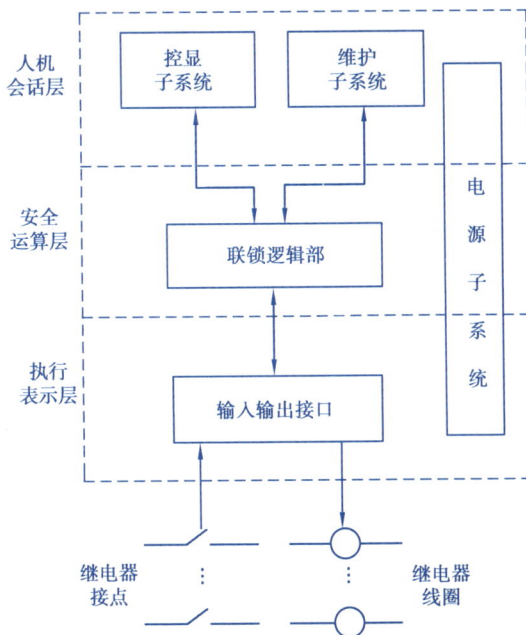

图 3-2-5 硬件结构图

人机会话层由控显子系统和维护子系统组成；安全运算层由联锁逻辑部组成，实现联锁逻辑运算、输入输出控制、诊断信息处理及二重系管理等；执行表示层由输入输出接口单元组成,实现控制现场设备动作继电器的驱动、现场设备状态的采集。

(3)软件结构

DS6-60型计算机联锁系统软件主要位于人机会话层和安全运算层,分别运行在不同的主机上。

人机会话层软件包括控显软件和系统维护软件。控显软件运行在控显机上,控显机软件是供车务值班人员办理行车作业的人机界面软件,主要功能是与联锁机通信,从联锁机接收站场实时变化信息、操作提示和报警信息;向联锁机发送按钮命令信息;完成控制台的站场图形显示、操作提示和报警信息的文字和语音输出;鼠标操作和按钮信息处理等。系统维护软件运行在电务维护机上,是电务维护人员进行设备监视和故障诊断的人机界面程序,主要功能是与联锁机通信,接收联锁机发送的站场实时信息、DS6-60系统的工作状态信息和系统自诊断信息。电务维修机中的监测程序将所有的信息记录到实时数据库中,维护人员可以通过屏幕菜单操作查询、显示或打印输出各类信息。

安全运算层软件包括系统管理软件和联锁应用软件,运行在联锁机上。系统管理软件主要完成系统的周期任务管理、输入输出管理、双系冗余管理、通信管理,其输入程序模块将从输入子系统、控显机取得输入信息以约定的数据格式放入联锁输入数据区。联锁应用软件主要从联锁输入数据区取得输入数据并完成联锁逻辑运算,联锁程序将运算结果生成的输出命令、控制台显示信息和监测信息以约定的数据格式放入联锁的输出数据区。

此外,DS6-60系统还预留有与其他信号系统结合的通信软件。

4. 系统功能

(1)联锁逻辑部

联锁机通过光纤与输入子系统连接,接收输入子系统采集的现场信号设备状态;通过光纤与控显机连接,接收控显机下发的控制台操作命令,根据按钮命令进行联锁运算,产生输出命令;通过光纤与输出子系统连接,发送输出命令到输出子系统,由输出子系统驱动继电器动作,实现对道岔和信号机的控制。

联锁双系的工作方式为并行主从系统,根据开机顺序,首先投入运行的为主系,后投入的为从系。在运行中,从系与主系保持同步,如果其中一系发生故障,按故障程度不同降级为待机或退出运行,另一系自动升为主系,维持系统控制功能。故障系退出运行后自动复位,重新投入使用。

(2)控显子系统

控显子系统是用于站场图形实时显示和车站值班员进行操作的设备。控显子系统由控显主机、显示器、鼠标及音箱组成。控显主机设在机械室,显示器、鼠标及音箱设在运转室,控显主机至运转室操作显示设备间的线缆长度不宜超过60 m,如果超过,应单独考虑解决方案。鼠标通过串行通信线与控显主机中的串行接口连接,液晶显示器通过视频电缆与控显主机中的多屏显示卡连接,音箱通过音频线与控显主机中的声卡连接。

系统设置两台控显主机,两台控显主机采用相同的硬件设备和相同的软件,双机采用主备工作方式,各自连接有一套显示器和鼠标,平时同时在线运行,可以选择任意一台控显主机使用。

(3)维护子系统

电务维护子系统主要功能包括系统硬件、软件运行状态监视,以及现场操作和信号设备动作的记忆、查询、再现、打印等,为维护人员提供良好的操作界面,是整个系统维护的重要设备。客专模式电务维修子系统设在综合柜内,硬件设备包括维护机、显示器、鼠标和打印机。

通过 ARCNET 网络通信,维护机从联锁双系接收值班员操作信息、现场设备状态、系统输出命令、输入输出端口状态、系统故障报警信息等,并实时记录在数据库中,所有记录信息可保存 1 个月以上,供维修人员查询。

(4)输入输出单元

输入子系统由 I 系输入机笼、Ⅱ系输入机笼和输入浪涌防护机笼组成。输入机笼由输入底板、I/O 部电源板、I/O 部 CPU 板、若干块输入接口板、与输入接口板数量相同的输入端子板组成。

输出子系统由 I 系输出机笼、Ⅱ系输出机笼和输出浪涌防护机笼组成。输出机笼由输出底板、I/O 部电源板、I/O 部 CPU 板、若干块输出接口板、与输出接口板数量相同的输出端子板组成。

I/O 部 CPU 板实现 I/O 控制的核心运算,该模块通过 VME 总线底板实现对本机笼内其他的从设备发出的访问和控制。其主要功能包括输出板各通道输出信号的控制、各输出板故障实时检测和输出机笼与联锁系的数据通信。

I/O 部通信接口板提供本机笼光通道的光发送器接口和光接收器接口和级联光通道的光发送器接口和光接收器接口。I/O 部输出板实现继电器的安全驱动,I/O 部输入板实现继电器接点的状态采集。

(5)电源子系统

电源子系统配置两台 UPS 电源(UPS 集中设置时,联锁则不再配置单独的 UPS)和两套独立冗余的直流 24 V 电源模块,均安装在综合柜内。从电源屏引入的 220 V 电源经 UPS 整流净化后向联锁设备供电。其中,控显机、维护机、显示设备等使用 AC 220 V 电源;直流 24 V 电源模块把经 UPS 净化后的 AC 220 V 电源转换为两路逻辑 24 V(L24 V)和两路接口 24 V(I24 V),为联锁逻辑部和输入输出单元供电。逻辑 24 V 供联锁逻辑部和输入输出的逻辑电路工作;接口 24 V 供输入输出接口驱动继电器和采集表示信息。

两路直流 24 V 电源的每一路都由两个电源模块并联冗余输出。

5. 系统内部连接

DS6-60 型计算机联锁系统内部连接主要有联锁逻辑部与输入输出单元的连接、联锁逻辑部与控显子系统的连接、联锁逻辑部与维护子系统的连接、系统内部电源的连接等,如图3-2-6 所示。

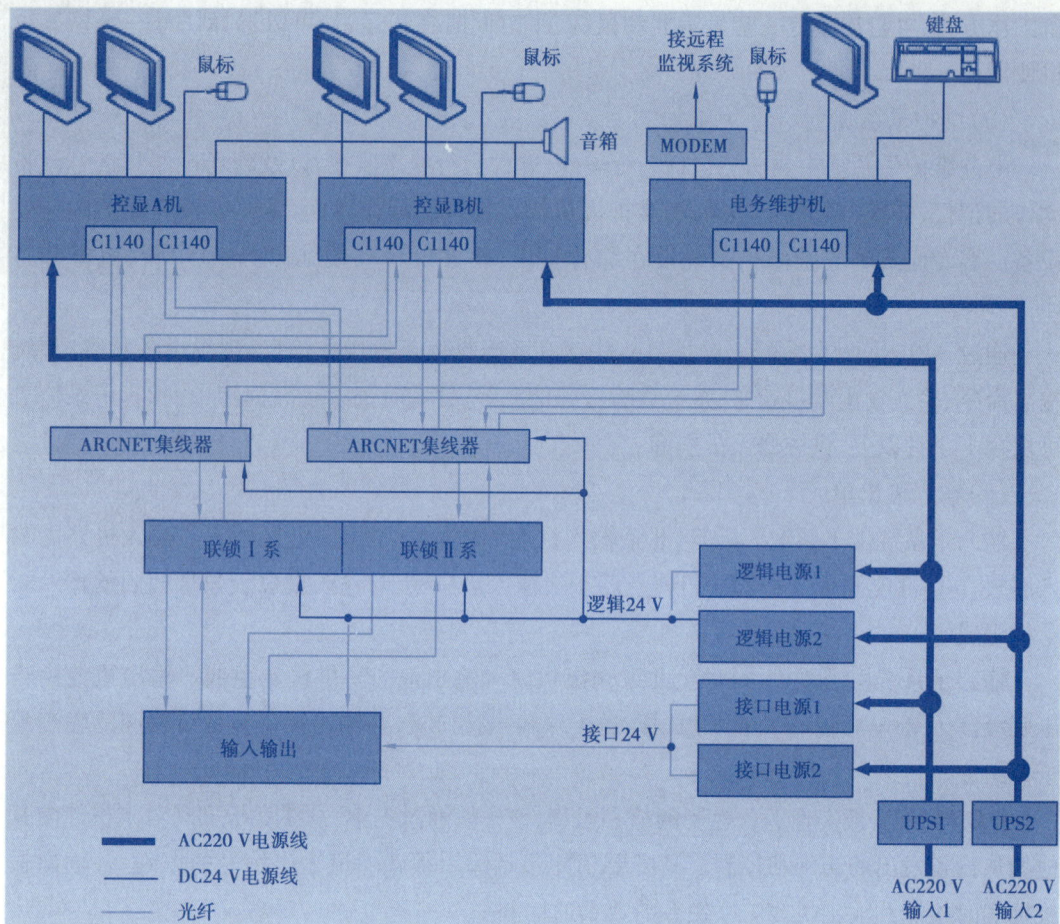

图 3-2-6　系统内部连接示意图

系统内联锁逻辑部与 MMI(控显机和维护机)、联锁逻辑部与输入和输出的通信均采用光纤连接,使用光纤类型为 ST-ST 多模光纤。

联锁逻辑部每一系有 3 个连接输入单元的通信接口、5 个连接输出单元的通信接口。每个输入输出机笼通过 I/O 部通信端子板上的一对光纤分别与联锁逻辑部二重系连接,以实现联锁逻辑部与输入输出单元间的信息传输。

系统控显机和维护机与联锁双系通信通过 ARCNET 网络实现。控显机和维护机通过 ARCNET 通信网卡接收来自联锁双系的数据,将控制台值班员的操作信息数据发送到联锁双系。联锁双系、控显双机和维护机通信光纤都直接与 ARCNET 集线器连接,通过 ARCNET 集线器实现各个子系统间通信信息的交互。

6. 系统外部接口

DS6-60 型计算机联锁系统对外部设备的接口有电源屏接口、以太网接口、CTC/TDCS/STP 通信接口、TWC 通信接口、信号集中监测通信接口、输入输出接口,如图 3-2-7 所示。

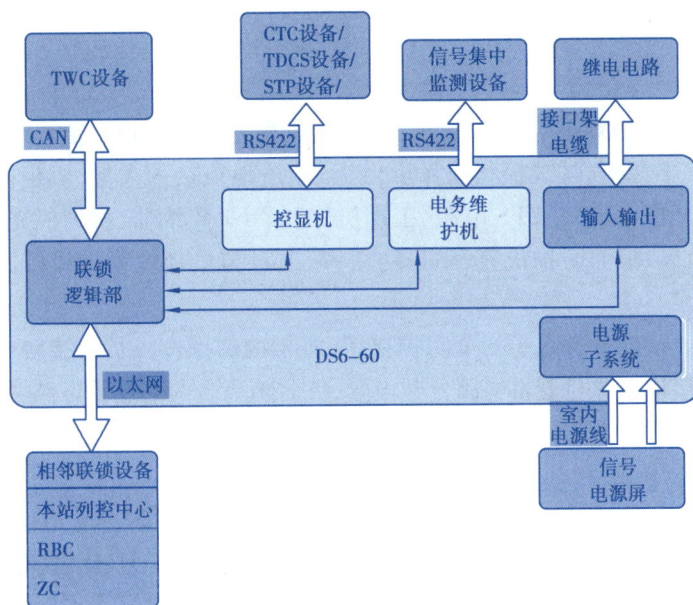

图 3-2-7 系统外部接口示意图

（1）电源屏接口

联锁供电属于一级负荷，应使用两路独立的专用电源，电源屏的输出应符合相关标准。

（2）以太网接口

联锁逻辑部每系配置有 2 个以太网接口，通过信号安全数据网交换机接入信号安全数据网中，实现与列控中心、RBC、相邻联锁之间、ZC 的通信。

（3）CTC/TDCS/STP 通信接口

控显机与 CTC 系统的车站自律机、TDCS 主机或无线调查车监控系统 STP 连接通信，向 CTC、TDCS 或 STP 传送本站联锁控制范围内的道岔表示（定位、反位、四开）、轨道状态（占用、空闲、锁闭）、信号机状态（各种信号灯显示）、提示报警信息、零散表示灯以及联锁机工作状态等内容；控显机接收 CTC 发送的按钮信息并传送给联锁逻辑部，联锁逻辑部根据收到的按钮信息产生相应的进路命令。

（4）TWC 通信接口

联锁逻辑部每系配置有 4 个 CAN 通信接口和列车轨旁 TWC 通信，以获取列车停准、停移信息。

（5）信号集中监测通信接口

电务维护机与信号集中监测站机采用 RS422 标准串行接口连接通信，单向发送本站联锁控制范围内的开关量信息和系统报警信息，信号集中监测系统接收信息。

（6）输入输出接口

系统与室外信号设备之间的接口，采用继电电路，主要有信号点灯电路、道岔控制电路、轨道电路、自动闭塞电路及其他结合电路，通过输入输出单元实现对外部继电器的状态采集和驱动控制功能。

7. 系统接地与防雷

（1）接地

DS6-60 型计算机联锁系统要求必须为每一个机柜各提供 1 根安全地线。系统的各个机柜（电源柜、联锁柜和输入输出柜）通过地线接入大地，机柜内的设备，包括 24 V 电源模块、UPS 电源、工控机、ARCNET 集线器、联锁机笼、输入机笼、输出机笼、浪涌防护机笼、串口防雷等，通过与机柜地线接线排的连接线接入大地。

信号机械室内
地线网

系统机柜的设计充分考虑了安全防护要求，机柜内的操作人员可接触的地方都要求有良好接地。系统接口电源与逻辑电源分开设置，彼此隔离。内部逻辑电路为低电压供电，采取浮空方式。联锁双系内逻辑部与 I/O 部之间均进行了电气隔离，互相之间不会造成影响。

（2）防雷

综合柜中配置防雷单元，电源屏提供的 AC 220 V 电源经过防雷单元后进入联锁电源系统。输入接口、输出接口设置浪涌防护板连接。系统防雷设计满足相关防雷标准。

素质素养养成

1. DS6-60 型计算机联锁系统是实现联锁关系、确保站内列车运行和调车作业的关键设备，如果联锁条件不满足，则信号不能开放；如果道岔区段有车占用，则道岔不能转换；如果轨道电路区段不空闲，则进路不能建立。读者在学习的过程中，应理解这种制约关系，形成遵章守纪的规则意识。

2. 输入接口采集室外信号设备的状态信息，并将状态信息上传到联锁运算部。联锁机运算部存储这些信息，作为联锁运算的依据，同时又将状态信息上传到控显子系统和维护子系统，在显示器中显示出来，供值班员查看。整个过程由多个设备逐步传递共同完成，读者通过学习和思考，养成精诚合作的团队精神。

任务分组

初步按照每 4 位同学为一个小组，填写任务分组表。

任务分组表

组号			小组 LOGO	
组名				
组训				
团队成员	学号	角色指派	职责	
		组织者	任务组长，组织成员高效完成本次任务	
		演讲者	对各知识点进行解读、讲述	
		聆听者	倾听，积极参与交流，发表自己的想法	
		摄影师	拍摄记录本次任务实施过程中的关键环节	
说明：任务实施过程中，采用小组轮值制度，成员轮值担任各个角色，每位同学都可以锻炼组织管理能力、语言表达能力、聆听交流能力、拍摄记录能力。通过小组协作，实现团队合作、互帮互助、共同学习				

任务实施

工作任务单

组号：_____　姓名：_____　学号：_____　检索号：__3-2-1__

步骤引导：

1. 描述 DS6-60 型计算机联锁系统的硬件结构。

2. 总结电务维护子系统的功能。

3. 总结系统内部各设备之间的连接方式。

4. 总结控制命令下达执行的工作过程。

5. 总结系统外部接口的设置种类。

完成情况：

步骤	理论（简要写出）	实践（已完成则打√）
1		
2		
3		
4		
5		

任务评价

任务评价单1

组号：_____ 姓名：_____ 学号：_____ 检索号：__3-2-2__

个人自评表

班级		组号		日期	
评价指标	评价内容			分值	分数评定
信息检索能力	能有效利用互联网资源、图书馆资源查找有用的信息；能有效解决实际问题			10分	
感知课堂生活	熟悉信号工工作岗位，认同工作价值；在学习中能获得满足感			10分	
参与态度	组织者角色：认真思考、组织、管理			20分	
	演讲者角色：认真梳理、表达、讨论				
	聆听者角色：认真聆听、积极讨论				
	摄影师角色：认真参与、及时记录				
知识、能力获得情况	1.能正确描述系统的硬件结构			10分	
	2.能正确描述电务维护子系统的功能			10分	
	3.能说出控制命令下达执行的工作过程			20分	
	4.能说出系统外部接口的设置种类			20分	
自评分数					
保持与发扬之处					
思考与提升之处					

任务评价单2

组号：_____ 姓名：_____ 学号：_____ 检索号：_3-2-3_

任务名称	任务2 DS6-60型计算机联锁系统应用				
评价依据	工作任务单完成情况				
序号	评价内容		分值	评分标准	分数评定
1	系统的硬件结构	描述正确	5分	缺一个要点扣2分	
		思路清晰	5分	酌情评分	
2	维护子系统的功能	描述正确	5分	缺一个要点扣2分	
		思路清晰	5分	酌情评分	
3	控制命令下达执行	描述正确	20分	缺一个要点扣5分	
		思路清晰	10分	酌情评分	
4	系统外部接口的设置	描述正确	20分	缺一个要点扣5分	
		表达流畅	10分	酌情评分	
5	素质素养评价	沟通交流能力	20分	酌情评分。违反课堂纪律,不听从组长、教师安排,不得分	
		团体意识			
		课堂纪律			
		合作探学			
		自主研学			
		规则意识			
		团队精神			
评价分数					

任务评价单 3

组号：_____　　姓名：_____　　学号：_____　　检索号：__3-2-4__

总体评价表

姓名		学号		日期	
评价维度	评价主体	评价分数	比例	总分评定	
1	学生自评		40%		
2	企业导师评价		10%		
3	指导教师评价		50%		
说明：如企业导师未对该小组进行评价，则指导教师评价所占比例调整为60%					
优点					
待提升点					

任务提高

简答题

1. DS6-60 型计算机联锁系统的硬件结构分为哪几部分？

2. 简述 DS6-60 型计算机联锁系统控制命令下达执行的工作过程。

3. 简述 DS6-60 型计算机联锁系统外部接口的设置种类。

项目四
列车运行控制系统应用

📖 项目情境

中国列车运行控制系统 CTCS（Chinese Train Control System），简称列控系统，是我国高速铁路保证列车行车安全、提高列车运行效率的重要技术装备，以有效的技术手段对列车运行速度、运行间隔进行实时监控和超速防护，减轻司机劳动强度、改善工作条件，提高乘客舒适度。

CTCS 是确保行车安全的信号系统，利用地面提供的线路信息、前车（目标）距离和进路状态，列控车载设备自动生成列车允许速度控制模式曲线，并实时与列车运行速度进行比较，超速后及时进行控制。

📖 项目导学

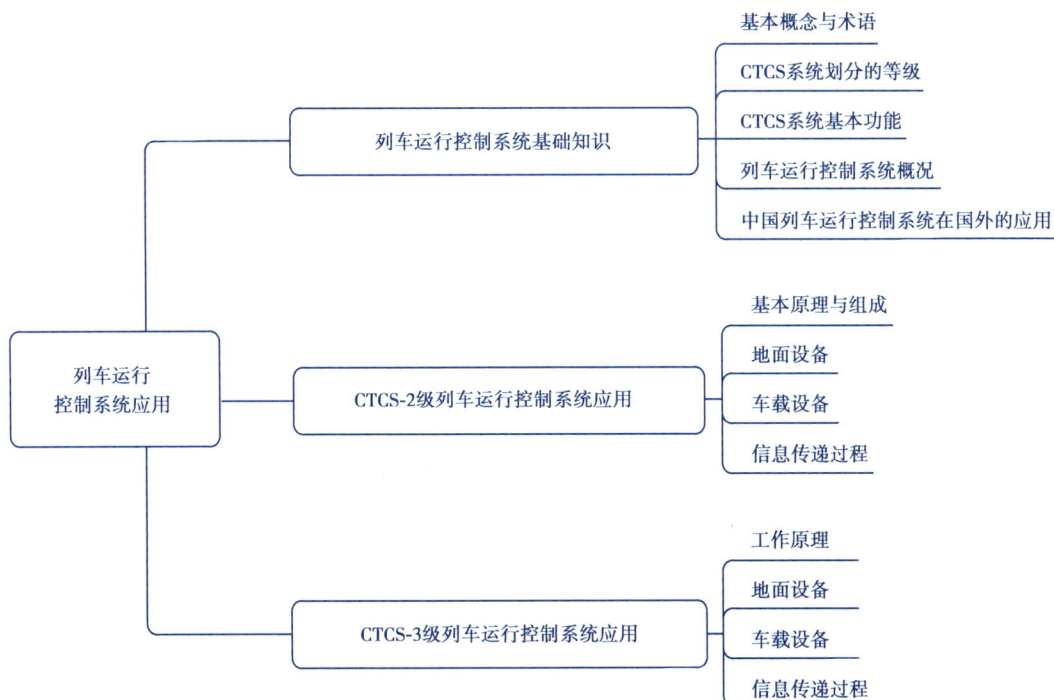

项目学习指导

列控系统是一个复杂的系统,在学习过程中,首先要理解列控系统相关的基本概念,明白列控系统等级划分,识别 CTCS-2 级、CTCS-3 级列控系统的设备,重点理解各设备之间信息传递过程,明确列控系统的工作原理。

"1+X"职业技能等级标准

1. 轨道交通自动控制系统装备运营维护职业技能等级标准(中级)

工作领域	工作任务	职业技能要求
2. 地面控制设备运用与维护	2.2 列控中心设备检查与维护	2.2.1 能按标准对设备进行检查与维护,完成机柜端子、配线安装检查、紧固。 2.2.2 能完成系统维护记录查询及下载。 2.2.3 能完成轨道电路通信接口设备检查与维护。 2.2.4 能进行故障板卡更换、接口插接不良等一般故障处理

2. 列车运行控制系统现场信号设备运用与维护职业技能等级标准(中级)

考核范围	考核内容
列车运行控制系统现场信号系统原理知识(理论)	CTCS-2 级列车控制系统基本原理、CTCS-3 级列车控制系统基本原理
列车运行控制系统现场信号设备基础知识(理论)	列控中心设备的系统组成、工作原理、工作基本维护知识和应用知识
室内外设备识别、操作(实操)	操作列控设备,查看设备工作状态、网络状态,识别列控设备报警、查看限速信息,查看日志
室内外设备维护、巡检、故障排除(实操)	按作业程序对列控中心进行维护、巡检和故障处理。考核内容涵盖:应答器外部设备缺陷维护和处理,列控机柜地线、风扇、线缆等缺陷维护和处理,室内 LEU 相关模块部件测试、更换、处理,改方电路故障处理,电源模块、TC 通信线缆缺陷和不良维护和处理
故障处理(实操)	有源应答器的报文读写、故障判断

3. 列车运行控制系统车载设备运用与维护职业技能等级标准(中级)

考核范围	考核内容
列控车载设备的图纸识读和设备识别(理论)	1. 300S 型及 200H 型列控车载设备及相关设备的系统图识读 3. 300S 型及 200H 型列控车载设备及相关设备的结构示意图识读

续表

考核范围	考核内容
列控车载设备的基础知识（理论）	1. 300S 型及 200H 型列控车载设备的系统功能。 2. 300S 型及 200H 型列控车载设备各单元的功能
列控车载设备外观及安装情况检查（实操）	1. 300S/200H 型 ATP 设备柜内各模块接插情况及外观巡检，各记录卡接插情况巡检。 2. BTM 天线、GSM-R 天线、速度传感器外观及安装情况巡检
列控车载设备状态的识别（实操）	根据指示灯状态及 DMI 显示信息识别 300S/200H 型 ATP 设备柜内模块故障

📖 励志人物

董礼涛：大担当、大作为铸就大国重器

31 年的工作经历，董礼涛凭借着精益、细微、极致的工匠精神，将加工误差控制在 0.01 mm 左右，取得 20 余项国家专利，完成技术创新 300 余项，累计为公司创造价值 8 000 余万元。

在推动企业转型升级过程中，董礼涛从一名学徒工一路披荆斩棘，为我国装备制造业的高质量发展贡献了卓越力量。董礼涛劳模创新工作室培养出多名技术能手，以平均每年 20 余项的创新成果为企业作出突出贡献。

2020 年 11 月，董礼涛获全国劳动模范称号。

2023 年 4 月，董礼涛被评选为首届"龙江工匠年度人物"。

2024 年 3 月，董礼涛被评选为 2023 年"大国工匠年度人物"。

📖 生产案例

"7·23"××线特别重大铁路交通事故

1. 事故概况

××年7月23日20时30分05秒,××线××次列车与××次列车发生动车组列车追尾事故,中断行车32小时35分,直接经济损失19 371.65万元。

2. 事故原因分析

事故发生当晚,××站沿线铁路牵引供电接触网或附近大地受到雷击,通过大地的阻性耦合或空间感性耦合在信号电缆上产生浪涌电压。这导致LKD2-T1型列控中心设备的关键部件——采集驱动单元采集电路电源回路中的保险管F2熔断。由于××站使用的LKD2-T1型列控中心设备存在严重设计缺陷和重大安全隐患,当保险管F2遭雷击熔断后,采集数据不再更新,保持熔断前该区间的轨道无车占用状态,实际有车占用,同时错误地控制本闭塞分区及后续两个闭塞分区防护信号显示绿灯,并向后续列车发送无车占用码,最终导致两列动车组列车在区间内发生追尾碰撞。

3. 事故教训

××线特别重大铁路交通事故给人们带来了深刻的教训。首先,铁路设备的安全性和可靠性至关重要,必须严格把控设备研发、生产、安装、维护等各个环节。其次,相关部门应当加强监管,确保铁路交通系统的安全运营。此外,铁路交通系统应当提高应对自然灾害的能力,以减少类似事故的发生。

4. 改革措施

针对此次事故,相关部门采取了一系列改革措施。例如,加强了对铁路设备的技术审查和质量管理,提高了铁路交通系统的安全性能;同时,加强了对铁路运营单位的监管和考核,确保铁路交通系统的安全运营。

任务 1 列车运行控制系统基础知识

中国通号中标巴西圣保罗城际铁路北轴线项目信号系统

1. 案例概况

2024 年 8 月 12 日,中国通号国际控股成功中标巴西圣保罗城际铁路北轴线项目信号系统供货集成安装总承包工程,这是中国通号在美洲市场经营取得的又一重大突破。

2. 案例背景

巴西圣保罗城际铁路北轴线连接圣保罗、容迪亚伊、坎皮纳斯三个大都会市区,线路全长 101 km,根据速度等级和运营区间划分为城际铁路(TIC)线、市际铁路(TIM)线和地铁 7 号线。该项目是迄今为止巴西最大客运轨道交通特许经营项目,项目建成后将成为巴西速度最快、最现代化的城际铁路。

3. 创新点

该项目将采用中国通号全自主知识产权的 ETCS-2 级列车运行控制系统,将是中国通号首次采用 TETRA 通信系统替代 GSM-R 进行列控信息传输。ETCS-2 级列车运行控制系统已经在匈塞铁路成功应用。匈塞铁路北起匈牙利布达佩斯市,南至塞尔维亚贝尔格莱德市,全长 341.7 km,设计速度和运营速度均为 200 km/h,于 2017 年 11 月开工,2022 年 3 月开通,是中国与中东欧国家共建"一带一路"的重点项目。

任务描述

CTCS 是提高运输效率、确保行车安全的信号设备之一。列控地面系统将进路状态、线路状况、前车距离等信息发送给列车,列控车载设备自动生成列车允许速度控制模式曲线,并实时与列车运行速度进行比较,如果列车运行速度超速,将及时对司机提示报警,如提示报警无效,会自动对列车进行常规或紧急制动,控制列车减速或停车。

任务目标

知识目标:

1. 总结列车运行控制基本概念与术语。

2. 描述 CTCS 系统划分的等级。

3. 总结 CTCS 系统基本功能。

4. 总结国外列车运行控制系统应用概况。

5. 描述中国列车运行控制系统在国外的应用。

技能目标：

1. 认识 CTCS 系统划分的等级。

2. 解读 CTCS 系统基本功能。

素养目标：

1. 养成与时俱进的创新精神。

2. 形成技能报国的良好品格。

任务分析

重点：

1. 列车运行控制基本概念与术语。

2. CTCS 系统划分的等级。

3. CTCS 系统基本功能。

4. 国外列车运行控制系统应用概况。

5. 中国列车运行控制系统在国外的应用。

难点：

1. CTCS 系统划分的等级。

2. CTCS 系统基本功能。

任务基础

1. 基本概念与术语

（1）移动闭塞（Moving Block）

线路没有固定划分的闭塞分区，列车间的间隔是动态的，随前一列车的移动而移动，该间隔是按后续列车在当前速度下的需制动距离加上安全余量计算和控制的，确保不追尾，制动的起始和终点是动态的，对列车的控制一般采用一次抛物线制动曲线的方式。

（2）CBTC（Communication Based Train Control）

使用无线移动闭塞技术，依据移动列车间的通信来实现控制，从而缩短了列车间的安全制动距离。

（3）ATC（Automatic Train Control）系统

ATC 系统自动控制列车行驶、确保列车安全和指挥列车驾驶。ATC 一般包括列车自动防护 ATP（Automatic Train Protection）、列车自动监督 ATS（Automatic Train Supervision）和列车自动驾驶 ATO（Automatic Train Operation）。

（4）速度与距离

允许速度：列车运行过程中允许达到的最高安全速度。

目标速度：列车运行前方目标点允许的最高速度。

目标距离：列车前端至运行前方目标点的距离。

目标距离模式曲线：以目标速度、目标距离、线路条件、列车特性为基础生成的保证列车安全运行的一次制动模式曲线。

固定限速：由线路结构及道岔位置决定的最高运行速度。

临时限速：由行车人员临时给出的列车限速。

过走防护区段：为保证行车安全在禁止信号前方设置的防护区段。

冒进防护：列车越过禁止信号立即触发紧急制动。

2. CTCS 系统等级划分

CTCS 系统根据功能需求和设备配置划分为 CTCS-0 级、CTCS-1 级、CTCS-2 级、CTCS-3 级和 CTCS-4 级。

（1）CTCS-0 级

CTCS-0 级是既有线现状，地面为自动闭塞或半自动闭塞，车载设备由列车运行监控记录装置 LKJ 和通用式机车信号组成。LKJ 设备通过车载存储线路数据，通过 IC 卡由司机输入临时限速和其他信息，由机车信号信息提供行车许可，LKJ 自动生成监控曲线。CTCS-0 级为既有线系统，适用于列车最高运行速度为 160 km/h 的区段。

（2）CTCS-1 级

CTCS-1 级由主体化机车信号+安全型列车运行监控记录装置组成，面向 160 km/h 及以下的区段，利用轨道电路完成列车占用检测和连续信息的传输，同时增加点式设备作为连续信息的补充，可实现点连式超速防护功能。

（3）CTCS-2 级

CTCS-2 级是基于轨道电路和点式应答器传输控车信息，采用车地一体化设计的列控系统。其中轨道电路负责列车占用检测及完整性检查，连续向列车传送运行前方空闲区段的数量；点式信息设备传输位置校正信息、进路参数、线路参数、临时限速等。CTCS-2 级主要面向既有线 200 km/h 提速改造和 200～250 km/h 客运专线。

（4）CTCS-3 级

CTCS-3 级是基于无线传输信息，采用轨道电路等方式检查列车占用的列控系统，点式设备主要用于传送定位信息。CTCS-3 级主要面向高速铁路，地面不设通过信号机，适用 300～350 km/h 客运专线。CTCS-3 级列控系统可叠加在 CTCS-2 级列控系统上。

（5）CTCS-4 级

CTCS-4 级是完全基于无线（如 GMS-R）传输信息的列控系统。地面取消轨道电路，由无线闭塞中心和列控车载设备共同完成列车定位和完整性检查，实现虚拟闭塞或移动闭塞。

3. CTCS 系统基本功能

（1）安全防护

在任何情况下防止列车无行车许可运行，防止列车超速运行，防止列车溜逸。测速环节应保证一定范围内的车轮滑行和空转不影响 ATP 的功能，并具有轮径修正能力。

（2）人机界面

以字符、数字及图形等方式显示列车运行速度、允许速度、目标速度和目标距离；实时给出列车超速、制动、允许缓解等表示以及设备故障状态的报警;机车乘务员输入装置应配置必要的开关、按钮和有关数据输入装置;具有标准的列车数据输入界面,可根据运营和安全控制要求对输入数据进行有效性检查。

(3)检测功能

具有开机自检和动态检查功能;具有关键数据和关键动作的记录功能及监测接口。

(4)可靠性和安全性

按照信号故障-安全原则进行系统设计,采用冗余结构,满足电磁兼容性相关标准。

4. 国外列车运行控制系统应用概况

代表世界先进水平的高速铁路列控系统主要有以下几种,采用轨道环线电缆传送列控信息的德国 LZB 系统、采用有绝缘的数字轨道电路传送列控信息的日本 DS-ATC 系统、采用无绝缘数字轨道电路传送列控信息的法国 UM2000+TVM430 系统。以上三种高速列控系统均采用大量专有技术,相互不兼容,技术平台不开放。

欧洲 ETCS 系统是为实现欧洲铁路互联互通而建立的,欧盟组织确定了适用于高速铁路列控的标准体系,技术平台开放。基于 GSM-R 无线传输方式的 ETCS-2 系统,技术先进,已投入商业运营。欧洲正在建设和规划的高速铁路均采用 ETCS 列控系统,是未来高速列车控制系统的发展方向。

5. 中国列车运行控制系统在国外的应用

雅万高速铁路是一条连接印度尼西亚雅加达和万隆的高速铁路,是东南亚首条高速铁路,是"一带一路"倡议的标志性工程和印尼国家战略项目,是中国高铁全系统、全要素、全生产链首次走出国门在海外落地的项目。

中国铁路通信信号股份有限公司为雅万高铁提供自主化 CTCS-3 级列控车载设备(CTCS3-400T),实现了中国高铁列控标准、技术及核心装备"走出去",有力保障了雅万高铁建设。该设备是我国首个完成技术创新、产品研制及现场试用的自主化 C3 车载设备,试用期间创下全年无故障的应用纪录。

6. 列控联锁一体化系统

列控联锁一体化系统 TIS(Train Control Center and Interlocking Integrated System)融合了列控中心和车站计算机联锁设备功能,实现了车站联锁、区间闭塞一体化控制,简化了信号系统结构,减少了设备数量,优化合并了不同信号系统之间的接口,并采用冗余、热备的全电子目标控制器控制室外道岔转辙机、信号机等设备。

2022 年 6 月,新疆和田至若羌的和若铁路正式通车,标志着世界首条沙漠环线铁路闭环成功。在和若铁路修建的地区自然环境条件下,若仍然采用既有线列控系统的应用设计方案在全线铺设轨道电路等装备,会极大地增加后期的维护成本。因此在和若铁路建设过程中要求列控系统满足三点,一是降低维护成本,并且能够实现区间长线路的零维护;二是保证列控系统的高安全性;三是能进一步提高列车的运行密度。为攻克这一技术难题,由中国国家铁路集团带头,中国铁道科学研究院、北京全路通信信号研究设计院、北京交大微联科技有限公司、卡斯柯信号有限公司和北京和利时系统工程有限公司共同参与研发新型列控系统,实现了移动闭塞的列车追踪运行核心功能,突破了融合北斗的列车综合定位和车载自主列车完整性安全检查的两项关键技术,具有轨旁设备简单、车站区间控制一体化、设备维护智能三个特点。

TIS 系统作为新型列控系统的地面核心设备之一,在若和线完成试验应用,是中国铁路信号系统地面控制设备新技术持续创新的体现,是集成度更高的信号安全综合控制系统,保障了自身高可靠性与高安全性。

素质素养养成

1.在列控系统等级划分的学习过程中,从列车运行速度不高于 120 km/h 的既有线现状开始,随着技术的革新和设备的创新,应答器的应用,再到 GSM-R 的现场应用,都处于不断发展中。读者通过深入认识和仔细学习,感受新技术带来的新变革,培养创新精神。

2.中国通号公司为雅万高铁提供自主化 CTCS-3 级列控车载设备,实现了中国高铁列控标准、技术及核心装备"走出去",让读者在学习中感受技术自信,激发爱国情怀,形成技能报国的良好品格。

任务分组

初步按照每 4 位同学为一个小组,填写任务分组表。

任务分组表

组号				小组 LOGO	
组名					
组训					
团队成员	学号	角色指派	职责		
		组织者	任务组长,组织成员高效完成本次任务		
		演讲者	对各知识点进行解读、讲述		
		聆听者	倾听,积极参与交流,发表自己的想法		
		摄影师	拍摄记录本次任务实施过程中的关键环节		

说明:任务实施过程中,采用小组轮值制度,成员轮值担任各个角色,每位同学都可以锻炼组织管理能力、语言表达能力、聆听交流能力、拍摄记录能力。通过小组协作,实现团队合作、互帮互助、共同学习

任务实施

工作任务单

组号：_____ 姓名：_____ 学号：_____ 检索号：__4-1-1__

步骤引导：

1. 描述 CTCS 系统划分的等级。

2. 总结 CTCS 系统基本功能。

3. 总结国外列车运行控制系统应用概况。

4. 描述列车运行控制系统在雅万高铁中的应用。

完成情况：

步骤	理论(简要写出)	实践(已完成则打√)
1		
2		
3		
4		

任务评价

任务评价单 1

组号：_____　姓名：_____　学号：_____　检索号：__4-1-2__

个人自评表

班级			组号		日期	
评价指标	评价内容				分值	分数评定
信息检索能力	能有效利用互联网资源、图书馆资源查找有用的信息；能有效解决实际问题				10 分	
感知课堂生活	熟悉信号工工作岗位，认同工作价值；在学习中能获得满足感				10 分	
参与态度	组织者角色：认真思考、组织、管理				20 分	
	演讲者角色：认真梳理、表达、讨论					
	聆听者角色：认真聆听、积极讨论					
	摄影师角色：认真参与、及时记录					
知识、能力获得情况	1. 能正确描述 CTCS 系统划分的等级				20 分	
	2. 能说出 CTCS 系统基本功能				20 分	
	3. 能正确描述国外列控系统的应用				10 分	
	4. 能正确描述列控系统在雅万高铁中的应用				10 分	
自评分数						
保持与发扬之处						
思考与提升之处						

任务评价单 2

组号：_____ 姓名：_____ 学号：_____ 检索号：__4-1-3__

指导教师评价表

任务名称	任务 1　列车运行控制系统基础知识				
评价依据	工作任务单完成情况				
序号	评价内容		分值	评分标准	分数评定
1	CTCS 系统划分的等级	描述正确	20 分	缺一个要点扣 5 分	
		思路清晰	10 分	酌情评分	
2	CTCS 系统基本功能	描述正确	20 分	缺一个要点扣 5 分	
		思路清晰	10 分	酌情评分	
3	国外主要列控系统的应用概况	描述正确	5 分	缺一个要点扣 1 分	
		思路清晰	5 分	酌情评分	
4	列控系统在雅万高铁中的应用	描述正确	5 分	缺一个要点扣 1 分	
		表达流畅	5 分	酌情评分	
5	素质素养评价	沟通交流能力	20 分	酌情评分。违反课堂纪律,不听从组长、教师安排,不得分	
		团体意识			
		课堂纪律			
		合作探学			
		自主研学			
		创新精神			
		技能报国			
评价分数					

任务评价单3

组号：_____ 姓名：_____ 学号：_____ 检索号：__4-1-4__

总体评价表

姓名		学号		日期	
评价维度	评价主体	评价分数	比例	总分评定	
1	学生自评		40%		
2	企业导师评价		10%		
3	指导教师评价		50%		
说明：如企业导师未对该小组进行评价，则指导教师评价所占比例调整为60%					
优点					
待提升点					

任务提高

一、填空题

1. 中国列车运行控制系统的英文缩写为(   )。

2. CTCS 系统根据功能需求和设备配置划分为(   )个等级。

3. CTCS-3 级系统主要面向高速铁路，适用(   )km/h 客运专线。

4. 中国高铁全系统、全要素、全生产链首次走出国门在海外落地的是(   )。

二、判断题

(   )1. CTCS 系统可以在任何情况下防止列车无行车许可运行，防止列车超速运行。

(   )2. CTCS 系统人机界面能够以字符、数字及图形等方式显示列车运行速度、允许速度、目标速度和目标距离。

任务 2　CTCS-2 级列车运行控制系统应用

"9·30"××线××次动车 ATP 触发紧急制动事故

1. 事故概况

××年 9 月 30 日 8 时 55 分，××线××次因列尾无法查询风压，在××站Ⅱ道停车。9 时 23 分××次动车在××站变更侧线Ⅳ道通过时，ATP 在 C0 控车模式下触发紧急制动停于××线 90 km+437 m（道岔）处。9 时 28 分进行 ATP 重启和 LKJ 数据输入，9 时 36 分经调度同意开车，停车 13 分钟。构成铁路交通一般 D 类事故。

2. 事故反思

××线××站及××线××站软件置换Ⅲ级施工后，××电务段向××车务段提供的《××电务段关于提供××站技术资料的函》相关文件资料中，对××东站Ⅱ G、Ⅳ G、5G、6G、7G、8G、9G××方面发出动车组列车（含动检车）行车限制条件未进行明确（将 ATP 转为隔离模式、按 LKJ 方式行车）。××站办理Ⅳ道向××方向的列车进路时，因该进路是未设置列控信息的进路，S_{IV} 出发信号机有源应答器的报文包含有绝对停车信息，造成××次动车组在经过××东站 S_{IV} 出发信号机前有源应答器时触发紧急制动停车。

任务描述

CTCS-2 级列车运行控制系统（简称 CTCS-2 级列控系统）是基于"点式应答器+轨道电路"传输列车运行控制信息的点连式系统。它主要面向提速干线和高速新线，采用车-地一体化设计，适用于各种限速区段。

CTCS-2 级列控系统采取目标距离控制模式，根据目标距离、目标速度及列车本身的性能确定列车制动曲线，不设定每个闭塞分区速度等级，采用一次制动方式。此外，它采取准移动闭塞方式，追踪目标点是前行列车所占用闭塞分区的始端，留有一定的安全距离。后行列车从最高速开始一次制动曲线的计算点是根据目标距离、目标速度及列车本身的性能计算决定的，是一种功能比较齐全和适合国情的列控系统，在中国铁路系统中得到广泛应用。

任务目标

知识目标：

1. 描述 CTCS-2 级列控系统的基本原理与组成。

2. 描述 CTCS-2 级列控系统地面设备。

3. 描述 CTCS-2 级列控系统车载设备。

4. 总结 CTCS-2 级列控系统的信息传递过程。

技能目标：

1. 识别 CTCS-2 级列控系统地面设备。

2. 识别 CTCS-2 级列控系统车载设备。

3. 展示说明 CTCS-2 级列控系统的信息传递过程。

素养目标：

1. 形成相互配合的协作意识。

2. 形成严谨细致的工作态度。

任务分析

重点：

1. CTCS-2 级列控系统的基本原理与组成。

2. CTCS-2 级列控系统地面设备。

3. CTCS-2 级列控系统车载设备。

4. CTCS-2 级列控系统的信息传递过程。

难点：

1. CTCS-2 级列控系统车载设备。

2. CTCS-2 级列控系统的信息传递过程。

任务基础

1. 基本原理与组成

（1）基本原理

CTCS-2 级列控系统是基于轨道电路和应答器传输列车行车许可信息，采用目标距离模式曲线监控列车安全运行的列控系统，工作原理如图 4-2-1 所示。

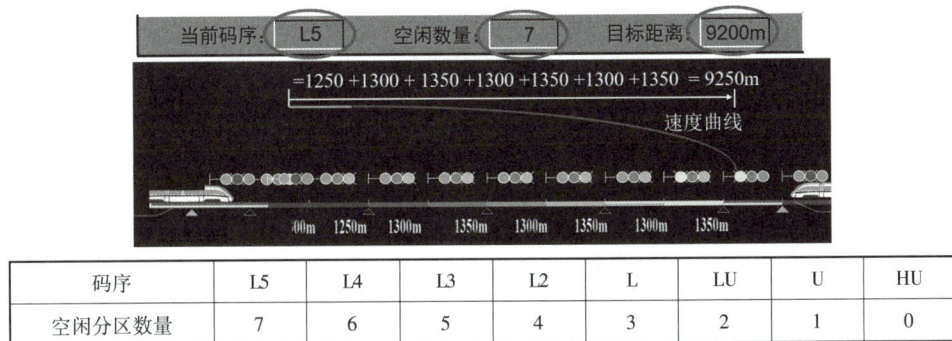

码序	L5	L4	L3	L2	L	LU	U	HU
空闲分区数量	7	6	5	4	3	2	1	0

图 4-2-1　CTCS-2 级列控系统工作原理示意图

CTCS-2级列控系统采用目标距离-速度控制模式,列车根据目标距离、目标速度及列车本身的性能,确定列车制动曲线,采取连续式一次制动模式控制列车运行。

(2)组成

CTCS-2级列控系统由地面设备和车载设备组成,如图4-2-2所示。

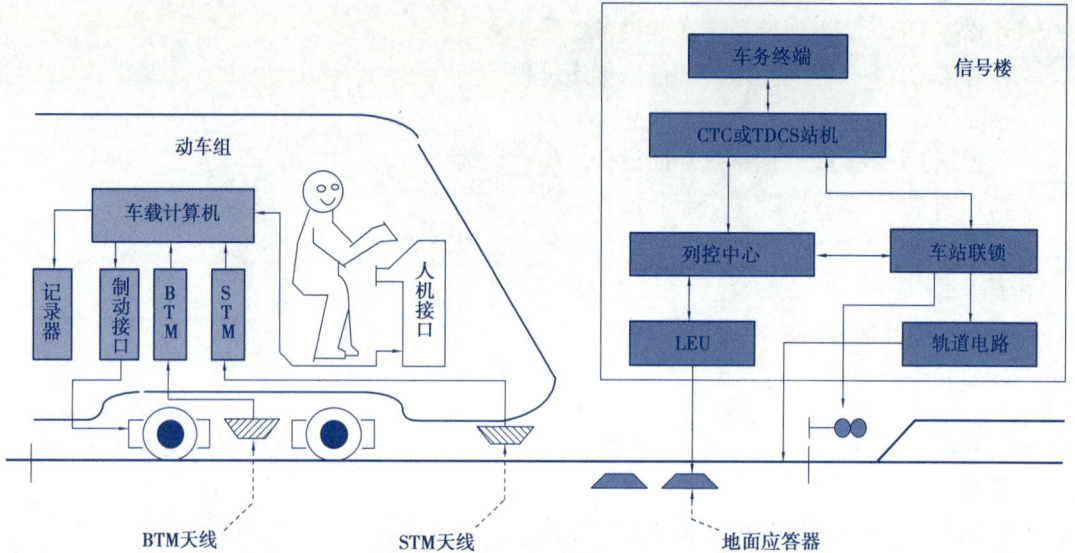

图4-2-2　CTCS-2级列控系统地面与车载设备结构图

CTCS-2级列控系统地面设备主要由临时限速服务器、轨道电路、列控中心、地面电子单元(LEU)、应答器以及相关的网络设备构成。

CTCS-2级列控系统车载设备由车载安全计算机(VC)、轨道电路信息接收模块(STM)、应答器信息接收模块(BTM)、人机界面(DMI)、速度传感器、列车接口单元(TIU)、运行记录单元(DRU)、轨道电路信息接收天线、应答器信息接收天线等部件组成。

2.CTCS-2级列控系统地面设备

(1)应答器

应答器是CTCS-2级列控系统中车-地信息传输的主要设备之一。随着列车运行速度不断提高,仅依靠轨道电路发送闭塞信息,在信息量方面已经不能满足列车安全高速行驶的要求,需增加应答器向列控车载设备提供大量固定信息和可变信息。

地面应答器设备包括无源应答器、有源应答器、应答器地面电子单元(LEU)以及应答器读写工具等。

①应答器的功能。

应答器是一种高速数据传输设备,能向列控车载设备主要传输以下信息:线路坡度、轨道区段长度等线路基本参数;线路最大允许速度、列车最大允许速度等线路速度信息;由于施工等原因引起的对列车运行速度进行限制时,向列车提供临时限速信息;对车站每个接发车进路,可以向列车提供线路坡度、线路速度、轨道等车站进路信息;给出前方道岔侧向允许列车运行的速度;升降弓、进出隧道、鸣笛等特殊定位信息;固定障碍物信息、列车运行目标数据、链接数据等其他信息。

应答器用于向 CTCS-2 级列控系统车载设备提供线路速度、线路坡度、轨道电路、临时限速等线路参数信息;向 CTCS-3 级列控系统车载设备提供位置、级间转换建立无线通信等信息。

应答器以报文的形式发送信息,因此需要定义报文的格式和所代表的含义。我国列控系统中,应答器报文采用欧洲标准。每条应答器报文都由一个 50 位的报文帧头+若干信息包+一个 8 位的结束包构成,共计 830 位,每个信息包都具有各自的格式和定义。为了保证传输的安全性和可靠性,要按照欧洲标准对其进行加扰编码,形成 1 023 位的传输报文,应答器、LEU、列控中心中储存、传输的都是 1 023 位的传输报文。

②应答器的分类。

根据应答器所传输报文是否可变,应答器分为固定信息应答器(无源应答器)和可变信息应答器(有源应答器)。

每个无源应答器预先固定写入一条应答器报文,列车经过该应答器时,固定发送预先写入的报文。无源应答器用于发送固定不变的数据,如设置在区间,发送线路坡度、最大允许运行速度、轨道电路参数、列控等级切换等信息。

有源应答器通过专用的应答器电缆与 LEU 连接,根据 LEU 设备所发送的报文,变化地向列车传送应答器报文信息,主要是进路信息和临时限速信息。有源应答器的报文按应答器编码规则编制,内容包括编号、链接关系临时限速(至限速始点距离、限速区长度、限速速度)、进路长度、电码化及线路载频线路固定信息等,如图 4-2-3 所示。

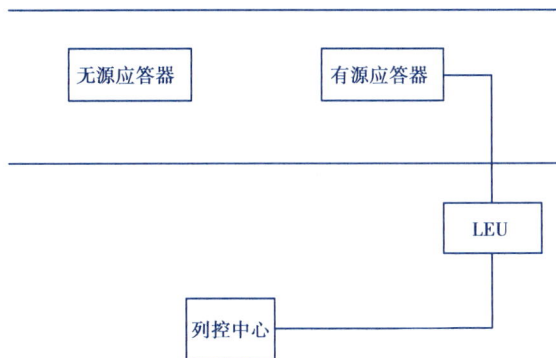

图 4-2-3　应答器信息传输图

（2）地面电子单元(LEU)

地面电子单元 LEU(Lineside Electronice Unit)是一种数据采集与处理单元,当有数据变化时依据变化后的数据形成报文,并送给地面有源应答器进行发送。可以独立地驱动 4 个有源应答器,将列控中心发送的报文(信号状态表示及执行的临时限速 TSR),经过一个冗余及安全的串行链路(接口"S")接收,再动态地连续发送给有源应答器。LEU 实物如图 4-2-4 所示。

图 4-2-4　LEU 实物图

LEU 盒内安装有母板,在母板上插接 4 块电路板,这 4 块电路板分别为电源板、数据处理板、S 接口通信板、输出板。

LEU 为故障-安全设备,是信号系统与应答器之间的接口,主要有以下功能:接收外部发送的应答器报文并连续向应答器转发;当输入通道有故障或 LEU 内部有故障时,向应答器发送预先存储的默认报文;当有车载天线经过有源应答器上方时,LEU 在一定时间内不转换新的报文;一台 LEU 可以同时向 4 台有源应答器发送 4 种不同的报文;存储设备自检及事件记录,并可向外部设备上传。

LEU 宜集中设置在信号机械室内。高速铁路车站的 LEU 设备全部放置在单独的 LEU 设备柜中,中继站的 LEU 配置在列控中心主机柜中。

(3)列控中心

列控中心(TCC)是设于各个车站的列控核心安全设备,采用冗余的硬件结构。列控中心的主要作用是向车载 ATP 设备提供与列控车有关的信息。它与车站联锁、CTC 设备接口,根据调度命令、轨道区段占用信息、进路状态、线路参数等产生进路及临时限速等相关控车信息,根据列车占用情况及进路状态,通过设置在车站进、出站处的有源应答器向列车发送可变信息报文,具有发送接车进路信息、临时限速信息以及进站信号机降级显示等主要功能,保证其管辖内的所有列车运行安全。

高速铁路列控中心完成应答器报文存储和调用、选择和发送,除限速外,还扩展了轨道电路低频编码、轨道电路发送方向控制、区间轨道区段状态判断、区间运行方向控制、区间信号机点灯控制站间安全信息(区间轨道电路状态、中继站临时限速信息、区间闭塞和方向条件等信息)传输等功能。

①接发车进路报文发送功能。当列车接近车站进站停车或通过时,地面线路数据信息不是固定不变的,而是与列车进路相关。进入不同的股道,列控车载设备所需要锁定的股道轨道电路载频是不同的,所经过的轨道区段及其长度也不一样。列控中心通过与车站联锁系统的连接,获取列车进路情况,选择相应进路信息报文,实时发送给应答器。

②临时限速报文发送功能。线路临时限速的设置和取消是随着列车运营情况而改变

的,如线路施工、天气原因等需设置临时限速线路恢复正常后需取消临时限速。列控中心接收调度中心或车务终端的临时限速命令,实时地向车站有源应答器发送,当列车从车站发车或通过时,通过进、出站口应答器接收前方区间和车站范围内的临时限速信息,控制列车按要求速度通过限速区域。

③进站信号机降级显示功能。进站信号机降级显示功能是与临时限速相关的一个附属功能。当列控中心在站内或离去区段设置了一处临时限速,列控中心必须控制进站信号机降级显示,保证列车在进站时减速至较低速度,再经过一定距离的制动后,以低于限速值进入临时限速区域。

④运行方向与闭塞控制功能。高速铁路列控中心将轨道电路纳入控制,实现了区间自动闭塞的继电编码向数字编码的转变,并取消了站内电码化,这也是列控联锁逐渐一体化的趋势。同时,高速铁路列控中心增加了如区间方向控制、区间信号点灯等功能。

列控中心具有轨道电路"三点检查"(首、末区段"两点检查")的逻辑判断,轨道电路低频信息编码、切换控制、发送方向控制、车站(中继站)间轨道区段状态等信息的传输,区间信号机点灯及区间运行方向与闭塞控制等功能。列控中心接收各轨道电路的信息,根据每个轨道电路运行前方各闭塞分区的状况(对于进站信号机外方的各接近区段还要依据进站信号机的显示)进行低频编码。列控中心根据运行前方各闭塞分区的状况,决定防护本闭塞分区的通过信号机的显示。在行车人员根据调度命令在车站联锁控制台上进行改变运行方向操作后,进行区间运行方向的控制,同时控制各轨道电路的发送方向。

(4)临时限速服务器 TSRS(Temporary Speed Restriction Server)

CTCS-2 级列控系统中,为了提高临时限速命令的安全性,调度中心设列控系统专用的 TSRS 及临时限速操作终端,用于临时限速的下达与取消。

临时限速是指线路固定速度以外的、具有时效性的限制速度,包括施工、维修引起的计划性限速,以及自然灾害、设备故障引起的突发性限速等。由于临时限速往往通过临时下发的方式下达至列车,因此相对其他固定的静态限速来说,临时限速的管理和使用是容易出现危险的环节。

TSRS 是基于二乘二取二安全计算机平台,遵循安全性原则,实现临时限速命令集中管理,接收来自 CTC 行调台的临时限速命令,对全线临时限速命令进行安全存储校验、撤销拆分、设置和取消,以及对临时限速设置时机的辅助提示等,验证限速命令来源的合法性、限速数据的有效性;向列控中心下达临时限速命令;记录限速命令的操作和状态变化日志,供查询和分析。

TSRS 具有以下特点:基于通用服务器、商用操作系统和以太网构成;安全平台由不同的故障-安全处理单元和操作系统构成;应用软件采用冗余技术,对运算和表决采用不同的策略;所有接口均通过以太网连接,可设置在具备通信网络的任何地点;每台临时限速服务器均为冗余结构,并采用热备工作方式;系统结构简单、合理,安全性和可靠性达到国际标准,易维护、少维修、易扩展。

3. CTCS-2 级列控系统车载设备

（1）作用

轨道电路信息接收天线模块和轨道电路信息接收模块从轨道电路获取地面信息，包括行车许可、前方空闲闭塞分区数量、车站进路速度等信息。

应答器信息接收天线和应答器信息接收模块从地面应答器获取地面信息，包括前方线路信息、列车位置、列车的运行方向、进路信息、临时限速信息等。

实时监测列车运行速度并计算列车走行距离，校正空转或滑行对测速测距的影响。根据应答器信息进行位置校正，两个应答器的位置校正通过检测轨道电路边界（绝缘节）实现。可通过主机的拨码开关进行轮径补偿系数的设定。

根据来自轨道电路信息接收模块的轨道电路信息、来自应答器信息接收模块的线路数据以及列车的特性，生成一次制动的连续控制模式曲线。

列控车载设备具有设备制动优先和司机制动优先两种模式，允许通过内部设置（机柜内跳线）选择其中一种模式。

（2）组成

列控车载设备由主机、人机界面、速度传感器、应答器信息接收天线、轨道电路信息接收天线等组成。列控车载设备系统构成（以 CTCS2—200H 型为例）如图 4-2-5 所示。

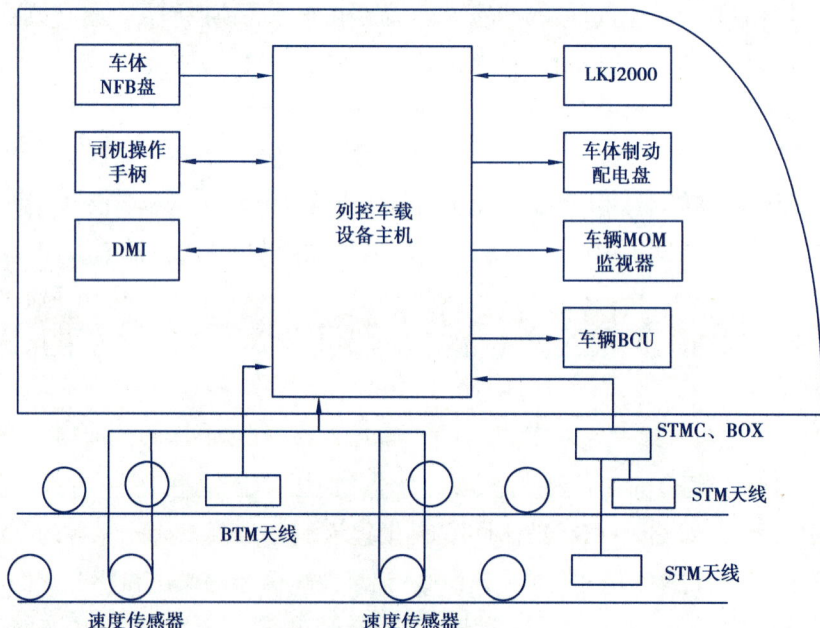

图 4-2-5　列控车载设备结构图

主机是列控车载设备的关键部件，包括车载安全计算机（VC）、轨道信息接收模块（ST-MD）、应答器信息接收模块（BTM）、列车接口单元（TIU）、运行记录单元（DRU）等，它们组合成一体，放在机柜内，便于设备的安装、维护和管理。

安全计算机是列控车载设备的控制核心。它从车载设备各个模块获取信息，依据轨道电路信息、列车制动力线路坡度和列车运行速度等信息,确定列车位置,生成相应的运行模式曲线,确定列车行车许可界限(LMA)后,生成制动模式曲线,并比较列车运行速度与模式曲线,必要时通过故障-安全电路向列车输出制动信息,控制列车安全运行。安全计算机采用二乘二取二硬件安全冗余结构,由功能完全相同的两个系统构成,每个系统具有功能相同的两个CPU,两个CPU的处理结果相比较,如果两个CPU的处理结果不一致,则说明该系统有故障。双重系统中的各系完全平等。单系发生故障时,隔离发生故障的系,制动指令由正常工作的系进行判断,不存在启动时间相互切换等间隔,对运行没有影响。双系均发生故障时,持续输出制动指令。

轨道电路信息接收模块通过感应接收线圈(即STM天线)感应出轨道电路的信息,由软件解调出信号的载频和低频信息,并将这些信息传递给安全计算机,为生成制动模式曲线提供依据,同时将没有处理的原始信息供给列车运行控制记录装置(LKJ)。STM可根据应答器信息、轨道电路载频锁定信息、司机操作锁定可接收的载频,以防止邻线干扰。为提高可靠性和安全性,STM采用二乘二取二结构,由功能完全相同的两个系统组成。每个STM与一台安全计算机配合,组成一套控制系统。两系STM完全独立工作。STM可以接收最多16种载频,包括ZPW-2000系列轨道电路各种信息。

应答器信息接收模块用于处理应答器信息,并将解码得到的应答器报文提供给车载安全计算机。在列车运行的整个期间,应答器信息接收模块通过BTM天线,不断向地面发送信号。当列车经过地面应答器时,地面应答器被激活并将存储在其内的报文信息发送给BTM主机。BTM主机接收到报文后进行框架确定、错误核对、解码,并将解码后的数据传输给VC,为生成制动模式曲线提供数据。来自应答器的数据包括线路参数信息、进路信息、临时限速信息以及级间切换等信息。在应答器组连续发送信息的情况下,列控车载设备能够暂时保留其内容。

TIU也称为继电器逻辑单元,主要由继电器组成。TIU接收来自两套安全计算机的输出指令,比较这两套制动指令,进行"或"操作后,作为系统的最终输出。当各系统制动指令输出不相同时,选择输出大的制动力指令。两系统中单系统出现故障时,故障系统的常用、紧急输出产生短路,列车接口单元不再核对双系统的输出,此时,正常系统的制动指令输出将作为系统的最终输出。两系统均出现故障时,则认为整个系统出现故障,列车接口单元最终输出紧急制动。

DRU通过通信接口与STM、LKJ2000、VC和VC2相连,获取列控车载设备的动作、状态、司机的操作等各种输入/输出信息,通过BUF板采集各节点的状态,可将行车及列控车载设备自身运行状况和节点的状态等关键数据记录到PCMCIA卡上,并可通过读卡器将数据下载至地面分析管理微机,维护人员根据下载读取记录卡的信息获取列车的运行信息,进行设备运行状况分析。DRU采用PC记录卡作为记录介质,将PC记录卡取出,即可利用一般的计算机来读出该记录卡上的记录内容。

素质素养养成

1.CTCS-2 级列控系统地面设备主要由临时限速服务器、轨道电路、列控中心、地面电子单元(LEU)、应答器以及相关的网络设备构成。这些设备各司其职,相互配合完成列控系统的整体功能。读者通过学习,形成良好的协作意识。

2.CTCS-2 级列控系统车载设备由主机、人机界面、速度传感器、应答器信息接收天线、轨道电路信息接收天线等组成,各设备将信息传输给主机,由主机进行计算生成速度距离控制模式曲线。读者通过认真学习和仔细分析,认识每个环节任何一处小错误都会影响计算的正确性,形成严谨细致的工作态度。

任务分组

初步按照每4位同学为一个小组,填写任务分组表。

任务分组表

组号		小组 LOGO	
组名			
组训			
团队成员	学号	角色指派	职责
		组织者	任务组长,组织成员高效完成本次任务
		演讲者	对各知识点进行解读、讲述
		聆听者	倾听,积极参与交流,发表自己的想法
		摄影师	拍摄记录本次任务实施过程中的关键环节

说明:任务实施过程中,采用小组轮值制度,成员轮值担任各个角色,每位同学都可以锻炼组织管理能力、语言表达能力、聆听交流能力、拍摄记录能力。通过小组协作,实现团队合作、互帮互助、共同学习

任务实施

工作任务单

组号:_____   姓名:_____   学号:_____   检索号:__4-2-1__

步骤引导:

1.总结 CTCS-2 级列控系统的基本原理。

2.描述 CTCS-2 级列控系统的组成。

3.总结应答器的作用。

4.总结列控中心的功能。

5.描述临时限速服务器的功能。

完成情况：

步骤	理论(简要写出)	实践(已完成则打√)
1		
2		
3		
4		
5		

任务评价

任务评价单 1

组号：_____　姓名：_____　学号：_____　检索号：__4-2-2__

个人自评表

班级		组号		日期	
评价指标	评价内容			分值	分数评定
信息检索能力	能有效利用互联网资源、图书馆资源查找有用的信息；能有效解决实际问题			10分	
感知课堂生活	熟悉信号工工作岗位，认同工作价值；在学习中能获得满足感			10分	
参与态度	组织者角色：认真思考、组织、管理			20分	
	演讲者角色：认真梳理、表达、讨论				
	聆听者角色：认真聆听、积极讨论				
	摄影师角色：认真参与、及时记录				
知识、能力获得情况	1. 能正确描述CTCS-2级列控系统的基本原理			20分	
	2. 能正确描述系统地面设备			10分	
	3. 能正确描述系统车载设备			10分	
	4. 能说出系统的信息传递过程			20分	
自评分数					
保持与发扬之处					
思考与提升之处					

任务评价单 2

组号：_____　姓名：_____　学号：_____　检索号：__4-2-3__

任务名称	任务 2　CTCS-2 级列车运行控制系统应用				
评价依据	工作任务单完成情况				
序号	评价内容		分值	评分标准	分数评定
1	CTCS-2 级列控系统的基本原理	描述正确	10 分	缺一个要点扣 2 分	
		思路清晰	10 分	酌情评分	
2	系统地面设备	描述正确	10 分	缺一个要点扣 2 分	
		表达流畅	5 分	酌情评分	
3	系统车载设备	描述正确	10 分	缺一个要点扣 5 分	
		表达流畅	5 分	酌情评分	
4	系统的信息传递过程	描述正确	20 分	缺一个要点扣 5 分	
		思路清晰	10 分	酌情评分	
5	素质素养评价	沟通交流能力	20 分	酌情评分。违反课堂纪律,不听从组长、教师安排,不得分	
		团体意识			
		课堂纪律			
		合作探学			
		自主研学			
		协作意识			
		严谨细致			
评价分数					

任务评价单 3

组号：_____　姓名：_____　学号：_____　检索号：__4-2-4__

总体评价表

姓名		学号		日期	
评价维度	评价主体	评价分数	比例	总分评定	
1	学生自评		40%		
2	企业导师评价		10%		
3	指导教师评价		50%		
说明：如企业导师未对该小组进行评价，则指导教师评价所占比例调整为60%					
优点					
待提升点					

任务提高

一、填空题

1. CTCS-2 级列控系统是基于轨道电路和应答器传输列车行车许可信息，采用（　　　　）监控列车安全运行的列控系统。

2. 根据应答器所传输报文是否可变，应答器分为固定信息应答器和（　　　　）。

3. LEU 是一种数据采集与处理单元，当有数据变化时依据变化后的数据形成报文，并送给地面（　　　　）进行发送。

二、简答题

1. 简述 CTCS-2 级列控系统地面设备的组成。

2. 简述 CTCS-2 级列控系统车载设备的组成。

3. 简述 CTCS-2 级列控系统的信息传递过程。

任务 3   CTCS-3 级列车运行控制系统应用

"4·12"××线旅客列车脱轨铁路交通较大事故

1. 事故概况

××年 4 月 12 日 14 时 29 分,由××站开往××站的××次旅客列车以 50 km/h 的速度运行至××上行线××线路所 3# 道岔处,机车及机后 1—2 位车辆脱轨并侵入下行线,中断下行线行车 12 小时 28 分钟、上行线行车 14 小时 01 分钟,构成铁路交通较大事故。

2. 事故反思

事故地段道岔于前一年 12 月投入使用,施工进行无缝线路胶接时气温为−16.1 ℃并按此锁定轨温,超出设计锁定轨温范围。事故发生时当地气温为 20.2 ℃、轨温 37 ℃,锁定轨温和实际轨温差达 53.1 ℃。设备管理单位未按规定针对气温回升情况及时实施应力放散,轨道发生胀轨,造成 3# 道岔尖轨与基本轨离缝。该旅客列车运行至此,机车车轮从尖轨尖端处挤入道岔直尖轨与曲基本轨间缝隙,导致脱轨。

任务描述

CTCS-3 级列控系统是我国 300～350 km/h 高速铁路的重要技术装备,是铁路技术体系和装备现代化的重要组成部分,是保证高速列车运行安全、可靠、高效的核心技术之一。CTCS-3 级列控系统是基于 GSM-R 实现车-地信息双向传输、无线闭塞中心生成行车许可的列控系统,采用先进的技术手段对高速运行的列车进行运行速度、运行间隔等实时监控和超速防护,以目标-距离连续速度控制模式、设备制动优先的方式监控列车安全运行,满足列车跨线运营的要求。

任务目标

知识目标:

1. 描述 CTCS-3 级列控系统的工作原理。

2. 总结无线闭塞中心的功能。

3. 总结 GSM-R 通信网络的优点。

4. 描述 CTCS-3 级列控系统的车载设备。

5. 总结 CTCS-3 级列控系统的信息传递过程。

技能目标：

1. 识别 CTCS-3 级列控系统的组成设备。

2. 展示说明 CTCS-3 级列控系统的信息传递过程。

素养目标：

1. 养成团结奋进的团队精神。

2. 形成防患于未然的风险意识。

任务分析

重点：

1. CTCS-3 级列控系统的工作原理。

2. 无线闭塞中心的功能。

3. GSM-R 通信网络的优点。

4. CTCS-3 级列控系统的车载设备。

5. CTCS-3 级列控系统的信息传递过程。

难点：

1. CTCS-3 级列控系统的工作原理。

2. CTCS-3 级列控系统的信息传递过程。

任务基础

1. 原理与组成

CTCS-3 级列控系统包括地面设备和车载设备，以及 GSM-R 无线传输网络。地面设备由无线闭塞中心（RBC）、列控中心（TCC）、ZPW-2000 系列轨道电路、应答器（含 LEU）、GSM-R 通信接口设备等组成。CTCS-3 的车载设备由车载安全计算机（VC）、GSM-R 无线通信单元（RTU）、轨道电路信息接收单元（TCR）、应答器信息传输模块（BTM）、记录单元（JRU/DRU）、人-机界面（DMI）、列车接口单元（TIU）等组成。CTCS-3 的工作原理如图 4-3-1 所示。

RBC 根据轨道电路、联锁进路等信息生成行车许可，并通过 GSM-R 无线通信系统将行车许可、线路参数、临时限速传输给 CTCS-3 级车载设备；同时通过 GSM-R 无线通信系统接收车载设备发送的位置和列车数据等信息。

TCC 接收轨道电路的信息，并通过联锁系统传送给 RBC；同时，TCC 具有轨道电路编码、应答器报文储存和调用、站间安全信息传输、临时限速功能，满足后备系统需要。应答器向车载设备传输定位和等级转换等信息，同时，向车载设备传送线路参数和临时限速等信息，满足后备系统需要；应答器传输的信息与无线传输的信息的相关内容含义保持一致。车载安全计算机根据地面设备提供的行车许可、线路参数、临时限速等信息和动车组参数，按照目标-距离连续速度控制模式生成动态速度曲线，监控列车安全运行。

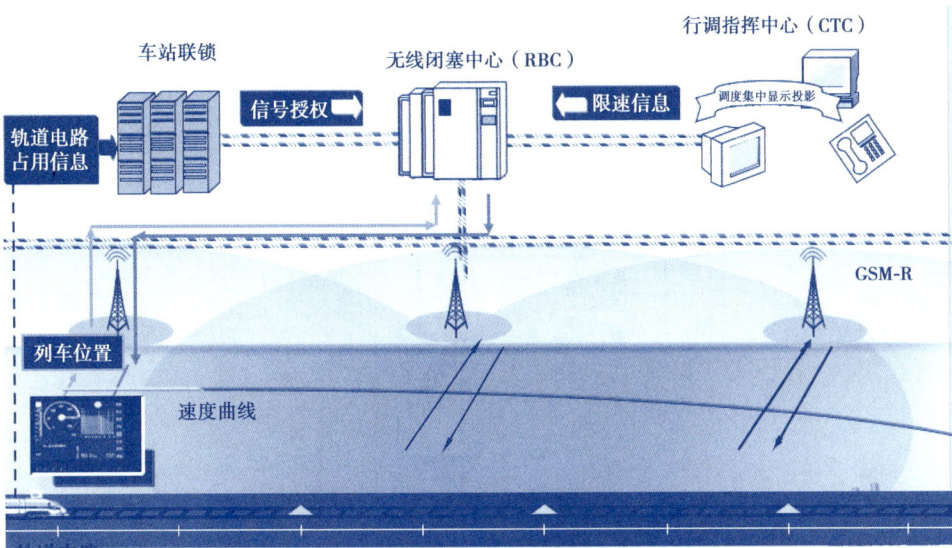

图 4-3-1　CTCS-3 工作原理图

CTCS-3 级地面设备与车载设备间的信息应采用 GSM-R 无线传输方式和轨道电路加应答器的传输方式。其中轨道电路按照 CTCS-2 级列控系统的要求传输信息；应答器除传输 CTCS-2 级列控系统的有关信息外，还应传输 CTCS-3 级列控系统所需的列车定位、与 RBC 链接等信息；RBC 与车载设备之间通过 GSM-R 系统相互传输行车许可、线路数据、应答器链接、临时限速、列车参数等信息。

CTCS-3 级列控系统地面设备总体结构如图 4-3-2 所示，车载设备总体结构如图 4-3-3 所示。

2. 无线闭塞中心(RBC)

RBC 是基于故障安全计算机平台的信号控制系统，是 CTCS-3 级列控系统的地面核心的设备。RBC 根据所控制列车的状态，其控制范围内的轨道占用、列车进路状态、临时限速命令、灾害防护和线路参数等信息，产生针对所控列车的行车许可(MA)控制信息，并通过 GSM-R 无线通信系统传输给车载子系统，保证其管辖范围内列车的运行安全。

3. GSM-R 通信网络

GSM-R 核心网包括移动交换子系统、GPRS 子系统、智能网子系统，应按照全路核心网建设规划建设，各条高速铁路接入相关节点。

采用交织冗余覆盖方案，排序为奇数(1、3、5…)或偶数(2、4、6…)的基站达到的覆盖都分别能够满足系统规定的 QoS(Quality of Service)指标。这种覆盖结构允许在单点(单个基站或单个直放站远端机)故障的情况下仍然能够满足系统规定的 QoS 指标。

4. CTCS-3 级列控系统车载设备

CTCS-3 级列控系统车载设备包括车载安全计算机(VC)、应答器信息传输模块(BTM)、轨道电路信息接收单元(TCR)、测速测距单元(SDU)、人机界面(DMI)、列车接口单元(TIU)、司法记录器(JRU)、GSM-R 无线通信单元(RTU)、动态监测接口等。车载设备采用分布式结构。车载设备与动车组的接口采用继电器或 MVB 总线方式。

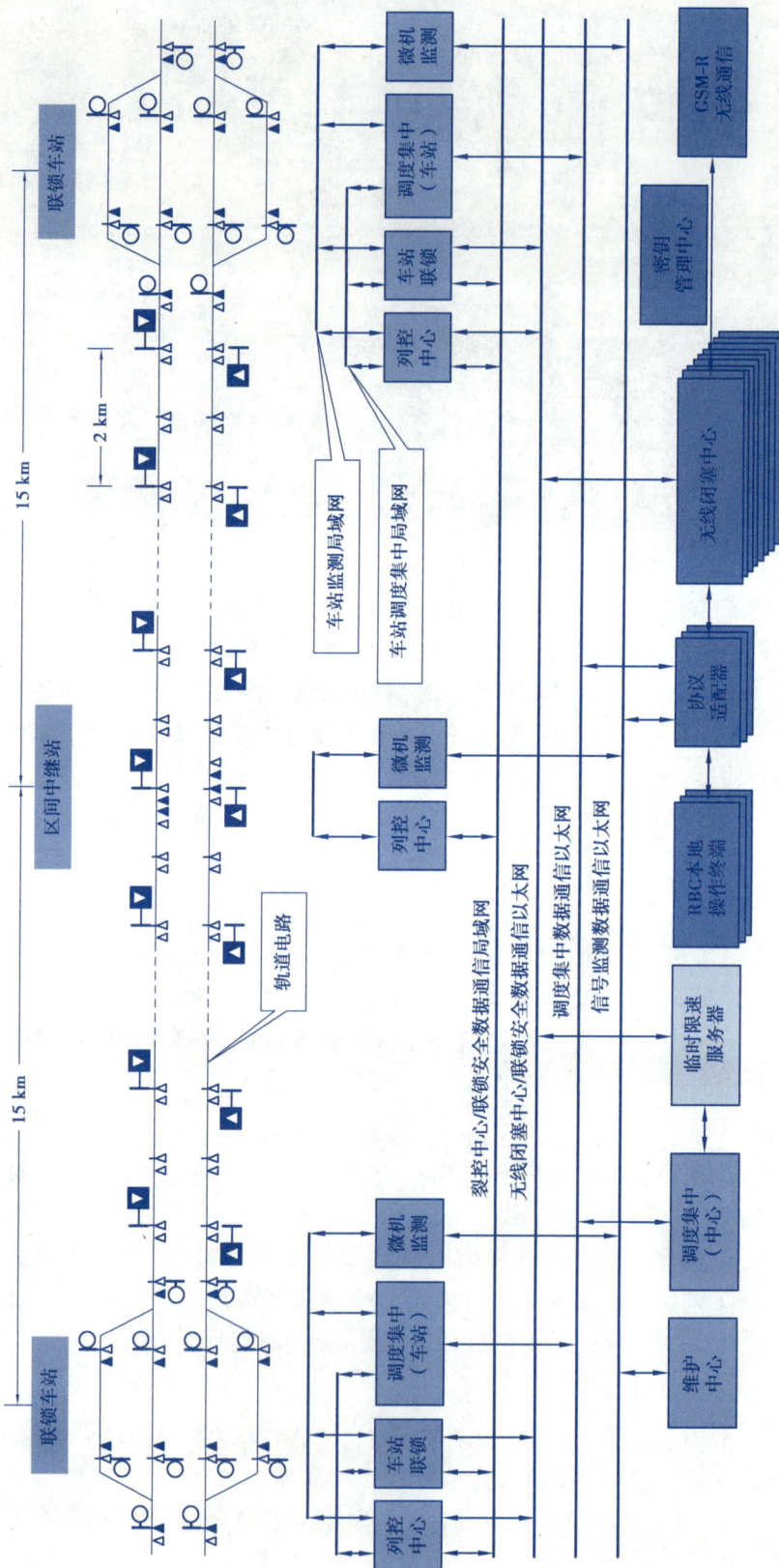

图 4-3-2 CTCS-3 级列控系统地面设备总体结构示意图

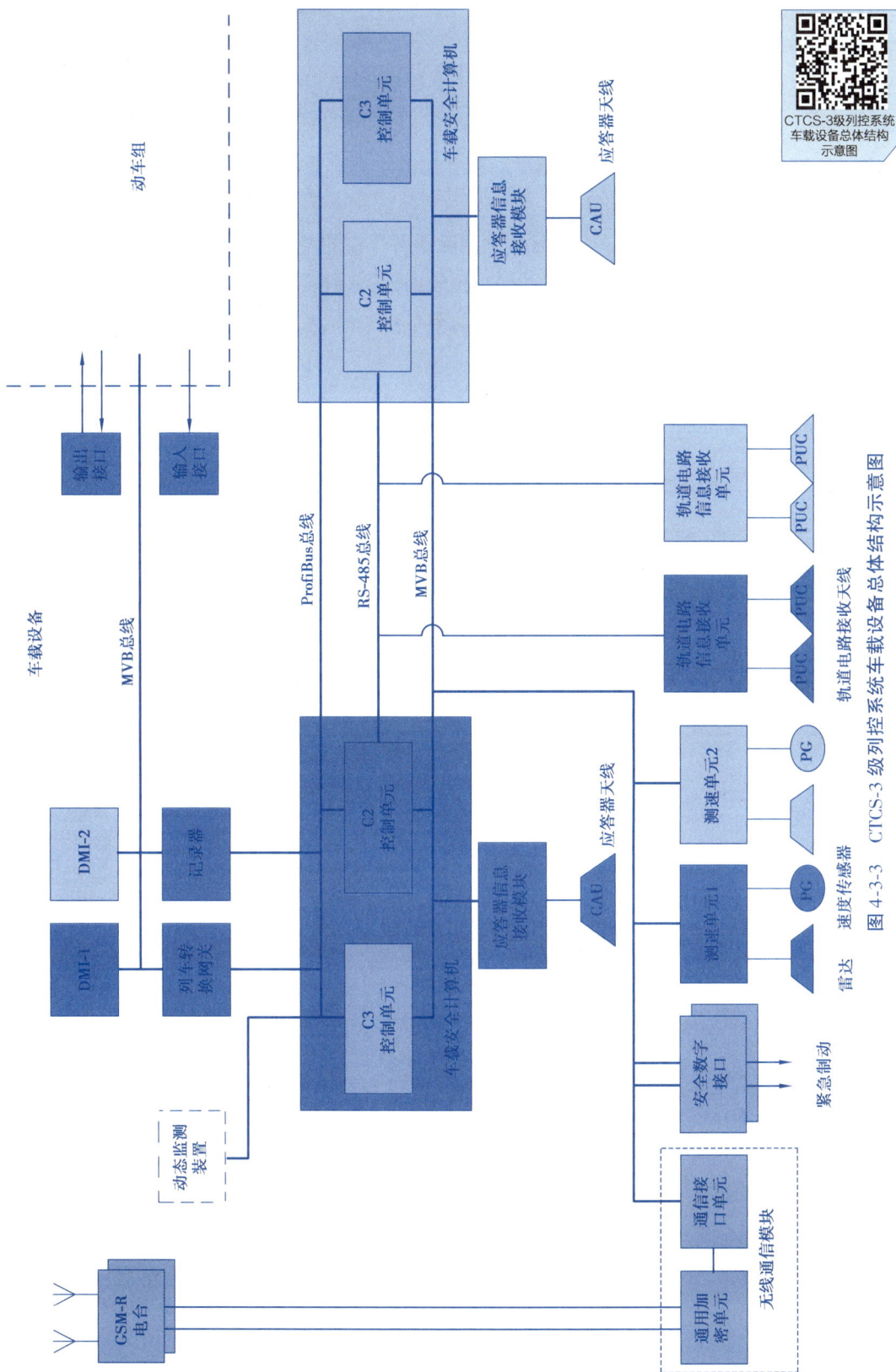

图 4-3-3　CTCS-3 级列控系统车载设备总体结构示意图

素质素养养成

1. RBC 根据轨道电路、联锁进路等信息生成行车许可,并通过 GSM-R 无线通信系统将行车许可、线路参数、临时限速传输给 CTCS-3 级车载设备;通过 GSM-R 无线通信系统接收车载设备发送的位置和列车数据等信息。读者通过学习和思考,体会各设备之间的协同合作关系,养成团结奋进的团队精神。

2. 作为一名铁路信号工,要及时发现和消除设备存在的安全隐患,确保设备安全可靠运行,进而确保列车运行的安全。读者应认真分析和梳理各种常见的故障现象,打下坚实的专业理论基础,做好日常维护工作,形成防患于未然的风险意识。

任务分组

初步按照每 4 位同学为一个小组,填写任务分组表。

任务分组表

组号		小组 LOGO	
组名			
组训			
团队成员	学号	角色指派	职责
		组织者	任务组长,组织成员高效完成本次任务
		演讲者	对各知识点进行解读、讲述
		聆听者	倾听,积极参与交流,发表自己的想法
		摄影师	拍摄记录本次任务实施过程中的关键环节

说明:任务实施过程中,采用小组轮值制度,成员轮值担任各个角色,每位同学都可以锻炼组织管理能力、语言表达能力、聆听交流能力、拍摄记录能力。通过小组协作,实现团队合作、互帮互助、共同学习

任务实施

工作任务单

组号：_____　　姓名：_____　　学号：_____　　检索号：__4-3-1__

步骤引导：

1. 总结 CTCS-3 级列控系统的工作原理。

2. 总结无线闭塞中心（RBC）的功能。

3. 总结 GSM-R 通信网络的优点。

4. 描述列控中心 TCC 在 CTCS-3 级列控系统中的作用。

完成情况：

步骤	理论（简要写出）	实践（已完成则打√）
1		
2		
3		
4		

任务评价

任务评价单1

组号：_____　姓名：_____　学号：_____　检索号：4-3-2

个人自评表

班级		组号		日期	
评价指标	评价内容			分值	分数评定
信息检索能力	能有效利用互联网资源、图书馆资源查找有用的信息；能有效解决实际问题			10分	
感知课堂生活	熟悉信号工工作岗位，认同工作价值；在学习中能获得满足感			10分	
参与态度	组织者角色：认真思考、组织、管理			20分	
	演讲者角色：认真梳理、表达、讨论				
	聆听者角色：认真聆听、积极讨论				
	摄影师角色：认真参与、及时记录				
知识、能力获得情况	1. 能正确描述 CTCS-3 级列控系统工作原理			10分	
	2. 能正确描述无线闭塞中心的功能			10分	
	3. 能正确描述 GSM-R 通信网络的优点			10分	
	4. 能正确描述 CTCS-3 级列控系统车载设备			10分	
	5. 能说出 CTCS-3 级列控系统信息传递过程			20分	
自评分数					
保持与发扬之处					
思考与提升之处					

任务评价单2

组号：_____ 姓名：_____ 学号：_____ 检索号：4-3-3

任务 名称	任务3 CTCS-3级列车运行控制系统应用				
评价 依据	工作任务单完成情况				
序号	评价内容		分值	评分标准	分数评定
1	系统工作原理	描述正确	10分	缺一个要点扣2分	
		思路清晰	10分	酌情评分	
2	无线闭塞中心的 功能	描述正确	5分	缺一个要点扣2分	
		表达流畅	5分	酌情评分	
3	GSM-R通信网络的 优点	描述正确	5分	缺一个要点扣2分	
		表达流畅	5分	酌情评分	
4	系统车载设备	描述正确	5分	缺一个要点扣2分	
		表达流畅	5分	酌情评分	
5	系统的信息传递 过程	描述正确	20分	缺一个要点扣5分	
		思路清晰	10分	酌情评分	
6	素质素养评价	沟通交流能力 团体意识 课堂纪律 合作探学 自主研学 团队精神 风险意识	20分	酌情评分。违反课堂纪 律,不听从组长、教师安 排,不得分	
评价分数					

任务评价单3

组号：_____ 姓名：_____ 学号：_____ 检索号：__4-3-4__

总体评价表

姓名			学号		日期	
评价维度	评价主体	评价分数		比例	总分评定	
1	学生自评			40%		
2	企业导师评价			10%		
3	指导教师评价			50%		
说明：如企业导师未对该小组进行评价，则指导教师评价所占比例调整为60%						
优点						
待提升点						

任务提高

一、填空题

1. CTCS-3级列控系统包括地面设备和车载设备，以及（　　　　）无线传输网络。

2. （　　　　）是基于故障安全计算机平台的信号控制系统，是CTCS-3级列控系统的地面核心的设备。

二、简答题

1. 简述CTCS-3级列控系统的结构。

2. 无线闭塞中心有哪些接口？各交换什么信息？

3. CTCS-3级和CTCS-2级之间是如何转换的？

项目五
调度集中系统应用

📖 项目情境

调度集中 CTC（Centralized Traffic Control）系统，是高速铁路必须装备的行车指挥核心设备，是高速铁路信号系统的重要组成部分，是保证高速铁路动车组高速度、高密度运行，提高旅客服务质量的必不可少的基础装备。

中国高速铁路调度集中系统，是我国自主研发和设计生产的新一代调度集中系统，满足高速铁路运输组织需要，综合了铁路信号、通信、运输等专业技术和计算机、网络等各种现代信息技术，采用智能化分散自律设计原则，以列车运行调整计划为中心，以车站、运行线路信息与相关管理细则为约束条件，兼顾列车运行与调车作业，实现高度自动化、智能化。

📖 项目导学

```
                                                ┌─ 行车调度控制系统发展现状
                                                │
                            ┌─ 调度集中系统基础知识 ─┤─ 概念
                            │                   │
                            │                   ├─ 优点
                            │                   │
                            │                   └─ 控制模式
         调度集中
         系统应用 ─────────────┤
                            │                   ┌─ 体系结构
                            │                   │
                            │                   ├─ 铁路局调度中心子系统结构组成
                            └─ 识别调度集中系统结构 ─┤
                                                ├─ 车站子系统结构组成
                                                │
                                                └─ 通信网络子系统结构组成
```

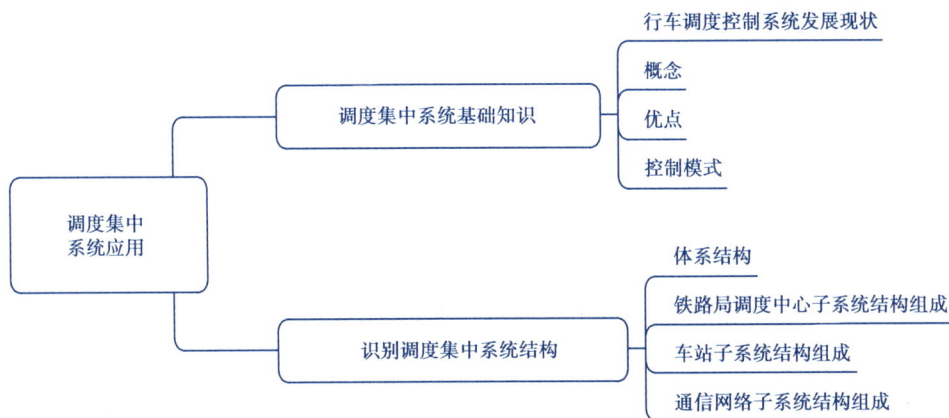

📖 项目学习指导

仔细分析分散自律调度集中系统的体系结构，识别各设备的结构，熟悉其功能。在此基础上，梳理各设备之间的信息传输过程及传输内容，整体把握 CTC 系统的工作过程，为现场 CTC 系统维护打下坚实的基础。

📖 励志人物

崔兴国：一颗匠心、万千精彩

作为全国技术能手，从葛洲坝到三峡，从溪洛渡到白鹤滩，在许多国家重大水电工程中，都留下了崔兴国的坚实足迹。他用精湛技艺和创新精神，一路伴随和见证着我国水电事业从跟跑到并跑再到领跑的辉煌历程。

崔兴国30余年扎根一线，攻克多项技术难关，先后牵头主持国内白鹤滩、三峡、溪洛渡、葛洲坝、长龙山、绩溪、敦化，"一带一路"倡议项目柬埔寨桑河、巴基斯坦卡洛特等一大批国内外重大水电工程装配试验工作。

崔兴国曾获全国装备制造业调整和振兴规划立功竞赛先进个人、全国机械工业质量模范、四川质量奖提名奖、四川工匠、东方电气集团劳动模范、东方电气集团首席技师、德阳市首席技师等荣誉称号。

2024年3月，崔兴国被评选为2023年"大国工匠年度人物"。

📖 生产案例

CTC与计算机联锁系统之间通信异常故障

1. 故障描述

××××年××月××日06：11：43，某站计算机联锁操作A机（主机）与CTC自律机A通信中断，自律机发生切机。06：25：11，操作A机与自律机B也出现通信中断。在操作B机（备机）与自律机双系通信良好的情况下，因联锁未切机，出现了CTC车务终端站场界面失去表示的故障。该站故障发生前后,操作 A 机一直作为主机。

2. 故障原因分析

经过对故障现场的调查和分析,工作人员发现故障的根源在于 CTC 和计算机联锁系统之间的通信链路出现了异常。具体原因包括硬件设备故障、网络连接问题、配置错误等,导致系统无法正常传输数据,从而影响调度指令和设备控制的正常运行。现场重启操作 A 机工控机后,故障消除。

3. 反思

维护设备的正常运行、优化网络设置、修正配置以及定期维护和更新等措施,对预防和解决这类故障具有重要意义。

任务 1 调度集中系统基础知识

"10·15"××线铁路旅客列车脱轨铁路交通较大事故

1.事故概况

××年 10 月 15 日 3 时 44 分,由××站开往××站的××次旅客列车以 71 km/h 的速度运行至××线××站间 211 km 569 m 处时,与从工程线溜逸脱轨侵限的工程车辆相撞,造成旅客列车机车和机后 1—4 位车辆脱轨,中断××线铁路行车 10 小时 01 分,构成铁路交通较大事故。

2.事故反思

该事故直接经济损失达 71.79 万元,暴露出××集团第二工程有限公司在安全生产上的严重违规问题,包括工程车辆违规停放及防溜措施不到位;××铁路升级改造建设及××铁路公司施工安全管理失职;××建设监理公司监理不力。为防范类似事故,需强化安全发展理念,落实各方安全责任,严格执行安全生产规定,提升管理水平。事故单位需全面排查隐患,加强现场管理。

任务描述

CTC 系统是自动排列列车进路、进行列车自动控制的基础。分散自律调度集中系统 Fz-CTC 是我国自主知识产权,适合我国铁路运输,由铁路局集团公司、车站两级构成。调度集中区段的车站应设集中联锁,区间应设自动闭塞或自动站间闭塞。Fz-CTC 应能实时自动采集列车运行及现场设备状态信息,传送到铁路局集团公司调度所和铁路总公司调度指挥中心。

任务目标

知识目标:

1. 描述行车调度指挥系统发展现状。

2. 总结分散自律 CTC 的概念和优点。

3. 描述分散自律 CTC 的控制模式。

4. 总结分散自律 CTC 的模式转换方式。

技能目标:

1. 解读分散自律 CTC 的概念。

2. 解读分散自律 CTC 的控制模式的含义。

素养目标:

1. 养成与时俱进的创新精神。

2. 形成严谨细致的工作态度。

任务分析

重点:

1. 行车调度指挥系统发展现状。

2. 分散自律 CTC 的概念和优点。

3. 分散自律 CTC 的控制模式。

4. 分散自律 CTC 的模式转换方式。

难点:

1. 分散自律 CTC 的控制模式。

2. 分散自律 CTC 的模式转换方式。

任务基础

1. 发展现状

(1)铁路运输调度指挥系统的发展

世界上第一套调度集中系统是单线制调度集中,安装在美国的斯坦利(Stanley)-伯威克(Berwick)之间,以无人管理(不设闭塞设备)的车站为主,命令的产生和发送是利用连续的直流电来完成的,用于控制现场的道岔和信号机等设备。

20世纪50年代后期,随着电子技术的发展,各国的调度集中系统逐步实现全电子化,出现了电子式调度集中系统,信息传输由直流电码转向频率电码。20世纪60年代后期,随着计算机技术的发展和应用,调度集中系统开始借助计算机进行研究、开发,进一步扩大了系统的信息处理能力,不仅可以人工操作,还能实现列车进路自动控制、列车自动跟踪、列车交会、列车越行的预测。系统的控制范围进一步扩大,出现了能控制1 000~2 000 km的铁路行车调度指挥控制中心,这一时期有三十多个国家的铁路设计使用了调度集中,运用里程达7万km。

20世纪80年代起,各国铁路均相继开发和应用了以计算机为基础的铁路行车指挥自动控制系统,开始建立调度工作一体化的综合型调度指挥管理中心,借助于遥控遥信技术扩大控制和监视范围,向智能化方向发展。

(2)我国铁路运输调度指挥系统的发展

为改变我国铁路运输中"一支笔、一张纸、一部电话"的传统行车调度指挥方式,我国铁路行车调度指挥自动控制系统经历了传统调度集中/调度监督、铁路列车调度指挥系统TDCS(Train Operation Dispatching Command System)和分散自律调度集中三个阶段。

为了适应信息化发展的需要,1996年开始建设调度指挥管理信息系统DMIS(Dispatch Management Information System),采用现代计算机技术、网络技术、通信技术及数据库技术,实现了全国铁路系统内列车运行、数据统计、运行调整,提高了运输生产效率,改善了劳动条件,提高了信号系统的技术、管理和维护水平。

2005年,实行铁路局直接管理站段的三级调度体系,将DMIS和运输管理信息系统TMIS(Transportation Management Information System)结合,改称TDCS,实现从"信息"系统向"指挥"系统的飞跃。

TDCS实现了自动采集列车运行时刻、自动绘制列车实际运行图、车次号自动采集和跟踪,实现了调度计划、命令下达、实际运输、统计分析等功能,大大减轻了劳动强度,提高了调度指挥的信息化程度。

高速铁路采用Fz-CTC系统,以TDCS为平台,以调度指挥为核心,以行车指挥自动化为目标,实现铁路运输指挥现代化。系统在实现列车进路自动控制的同时,将调车进路控制也纳入统一管理,提高了系统的使用效率,反映了铁路信息化建设的新内容,体现了铁路运输组织的新模式,是铁路行车指挥现代化的重要标志。

2.分散自律调度集中Fz-CTC

CTC系统用于调度中心(调度员)对管辖区段范围内的信号设备进行控制,对列车运行进行直接指挥和管理,监视和追踪列车运行,控制列车进路、远程指挥列车运行。

Fz-CTC采用智能化分散自律原则,"分散"指控制功能由中心分散到各个车站,各车站独立控制列车和调车作业。"自律"指车站依据CTC中心下达的列车运行调整计划(运行图),自主化、自动化、智能化办理进路,自动协调列车、调车进路的矛盾,当中心故障时也能按曾经收到的计划运行进路。

3. 控制模式

Fz-CTC 系统的控制模式包括分散自律控制模式和非常站控模式。

（1）分散自律控制模式

分散自律控制模式下的操作方式分为三种，分别为中心操作方式、车站调车操作方式和车站操作方式。中心操作方式指 CTC 中心负责该站的列车控制和调车控制，助理调度员负责该站所有的作业。车站调车操作方式指 CTC 中心负责该站的列车控制，车站负责该站的调车控制，调度员制订列车运行调整计划，安排车站的股道运用，车站制订调车计划，办理调车进路。车站操作方式指调度员负责列车运行计划的调整和下达，车站可以修改列车运行调整计划的内容，包括接发车顺序、到发线、进路始终端按钮、进路被触发的方式（自动或人工）等。后一种操作方式与前两种操作方式的根本区别在于车站值班员是否能够修改列车进路指令信息（含接发列车股道、进路始终端按钮等）以及是否具备人工直接操作列车按钮的权利。

（2）非常站控模式

非常站控模式是当非正常情况发生时，将 Fz-CTC 系统的控制模式转为在联锁操作台上办理进路的控制方式，此时联锁系统不接收 Fz-CTC 输入的命令。

4. 模式转换

分散自律控制模式下，当发生紧急情况时，通过按下联锁操表机上"非常站控"按钮，可以将调度集中系统的控制模式无条件转为非常站控模式。

非常站控模式下，满足一定条件时，通过按下联锁操表机上"非常站控"按钮，可以将调度集中系统的控制模式转为分散自律控制模式。

素质素养养成

1. 我国铁路行车调度指挥系统的发展，经历了继电系统、半导体分立元件、集成电路和微机化四个阶段。从开始建设 DMIS，接着将 DMIS 和 TMIS 结合为 TDCS，到高速铁路信号系统采用 Fz-CTC 系统，都是处于不断发展中。读者通过实际认识和仔细学习，感受新技术带来的新变革，养成与时俱进的创新精神。

2. 非常站控模式在满足一定条件时，可转为分散自律控制模式。读者通过对转换条件的分析，明确不满足条件时不允许转换，形成严谨细致的工作态度。

任务分组

初步按照每 4 位同学为一个小组,填写任务分组表。

任务分组表

组号		小组 LOGO	
组名			
组训			
团队成员	学号	角色指派	职责
		组织者	任务组长,组织成员高效完成本次任务
		演讲者	对各知识点进行解读、讲述
		聆听者	倾听,积极参与交流,发表自己的想法
		摄影师	拍摄记录本次任务实施过程中的关键环节

说明:任务实施过程中,采用小组轮值制度,成员轮值担任各个角色,每位同学都可以锻炼组织管理能力、语言表达能力、聆听交流能力、拍摄记录能力。通过小组协作,实现团队合作、互帮互助、共同学习

任务实施

工作任务单

组号:_____ 姓名:_____ 学号:_____ 检索号: 5-1-1

步骤引导:

1. 总结行车调度指挥系统的发展现状。

2. 总结分散自律 CTC 的概念,并说明其优点。

3. 描述分散自律 CTC 的控制模式。

4. 总结分散自律 CTC 的模式转换方式。

完成情况:

步骤	理论(简要写出)	实践(已完成则打√)
1		
2		
3		
4		

任务评价

任务评价单1

组号：_____　姓名：_____　学号：_____　检索号：　5-1-2

个人自评表

班级			组号		日期	
评价指标	评价内容				分值	分数评定
信息检索能力	能有效利用互联网资源、图书馆资源查找有用的信息；能有效解决实际问题				10分	
感知课堂生活	熟悉信号工工作岗位，认同工作价值；在学习中能获得满足感				10分	
参与态度	组织者角色：认真思考、组织、管理				20分	
	演讲者角色：认真梳理、表达、讨论					
	聆听者角色：认真聆听、积极讨论					
	摄影师角色：认真参与、及时记录					
知识、能力获得情况	1. 能正确描述行车调度指挥系统发展现状				10分	
	2. 能说出CTC的概念和优点				10分	
	3. 能正确描述CTC的控制模式				20分	
	4. 能正确描述CTC的模式转换方式				20分	
自评分数						
保持与发扬之处						
思考与提升之处						

任务评价单 2

组号：_____ 姓名：_____ 学号：_____ 检索号：__5-1-3__

任务名称	任务 1 调度集中系统基础知识				
评价依据	工作任务单完成情况				
序号	评价内容		分值	评分标准	分数评定
1	行车调度指挥系统发展	描述正确	5 分	缺一个要点扣 1 分	
		思路清晰	5 分	酌情评分	
2	CTC 的概念和优点	描述正确	5 分	缺一个要点扣 1 分	
		思路清晰	5 分	酌情评分	
3	CTC 的控制模式	描述正确	20 分	缺一个要点扣 5 分	
		思路清晰	10 分	酌情评分	
4	CTC 的模式转换方式	描述正确	20 分	缺一个要点扣 5 分	
		表达流畅	10 分	酌情评分	
5	素质素养评价	沟通交流能力	20 分	酌情评分。违反课堂纪律，不听从组长、教师安排，不得分	
		团体意识			
		课堂纪律			
		合作探学			
		自主研学			
		创新精神			
		严谨细致			
评价分数					

任务评价单3

组号：_____　　姓名：_____　　学号：_____　　检索号：__5-1-4__

总体评价表

姓名			学号		日期	
评价维度	评价主体	评价分数		比例	总分评定	
1	学生自评			40%		
2	企业导师评价			10%		
3	指导教师评价			50%		
说明：如企业导师未对该小组进行评价，则指导教师评价所占比例调整为60%						
优点						
待提升点						

任务提高

一、填空题

1. 调度集中系统的控制模式包括(　　　　　)模式和非常站控模式。

2. 由 CTC 中心以技术手段将列车运行调整计划下达给所辖各站的(　　　　　)。

3. 分散自律控制模式下的操作方式分为三种,分别为(　　　　　)、车站调车操作方式和车站操作方式。

二、简答题

1. 分散自律 CTC 中"分散"和"自律"的含义分别指的是什么?

2. 分散自律控制模式与非常站控模式之间是如何相互转换的?

任务 2　识别调度集中系统结构

任务导入

全球首批 6 辆碳纤维复合材料轻量化重载铁路货车正式下线

1. 案例概况

2024 年 9 月 10 日,由国家能源集团铁路装备公司、北京低碳清洁能源研究院和中车齐车公司联合研制的全球首批 6 辆碳纤维复合材料轻量化重载铁路货车正式下线,标志着我国在重载铁路移动装备新材料制造领域和研发应用方面取得重大突破,对促进我国重载铁路运输绿色低碳转型,具有重要示范意义。

2. 案例背景

碳纤维复合材料比强度、比模量分别为铝合金材质的 3 ~ 5 倍和 1.5 ~ 1.8 倍,能够更好地满足重载铁路货车的轻量化和大部件生产使用要求,具有更轻更节能、强度更高、环境适应性更强等技术优势。

披上新型轻薄高性能"外衣"的铁路货车车体自重较同类铝合金材料车体降低 20% 以上,自重系数低至 0.22,为国内同轴重铁路货车最高水平,实现了车辆自重降低、载重增加、容积增大的同步协同提升,对提升铁路运输效率具有重要意义。

3. 创新点

经过协同攻关,聚焦铁路装备领域轻量化和智能化核心问题,成功研发了适用于重载铁路货车领域的先进碳纤维增强树脂基复合材料,攻克了复合板材大部件一体化制备等关键技术难题,并首次将该类新材料应用于重载铁路货车车体主承载结构的制备。

任务描述

Fz-CTC 系统是我国铁路现代化的重要技术装备,是现代铁路综合信息化建设的重要内容,也是现代铁路的新型运输组织形式,实现了铁路运输指挥的现代化,降低了调度人员、车站值班员的劳动强度,为车务系统创造了良好的工作平台,同时为全路信息资源共享提供了便捷。

任务目标

知识目标:

1. 描述 Fz-CTC 系统的体系结构。

2. 总结铁路局调度中心子系统结构组成。

3. 总结车站子系统结构组成。

4. 总结通信网络子系统结构组成。

技能目标:

1. 识别铁路局调度中心子系统的设备。

2. 识别车站子系统的设备。

素养目标:

1. 形成相互配合的协作意识。

2. 增强网络安全责任意识。

任务分析

重点:

1. Fz-CTC 系统的体系结构。

2. 铁路局调度中心子系统结构组成。

3. 车站子系统结构组成。

4. 通信网络子系统结构组成。

难点:

1. Fz-CTC 系统的体系结构。

2. 通信网络子系统结构组成。

1.体系结构

Fz-CTC 系统包括铁路局调度中心子系统及车站调度集中分机系统两个层次,如图 5-2-1 所示,系统硬件部分由调度中心子系统、车站子系统及网络通信子系统构成。

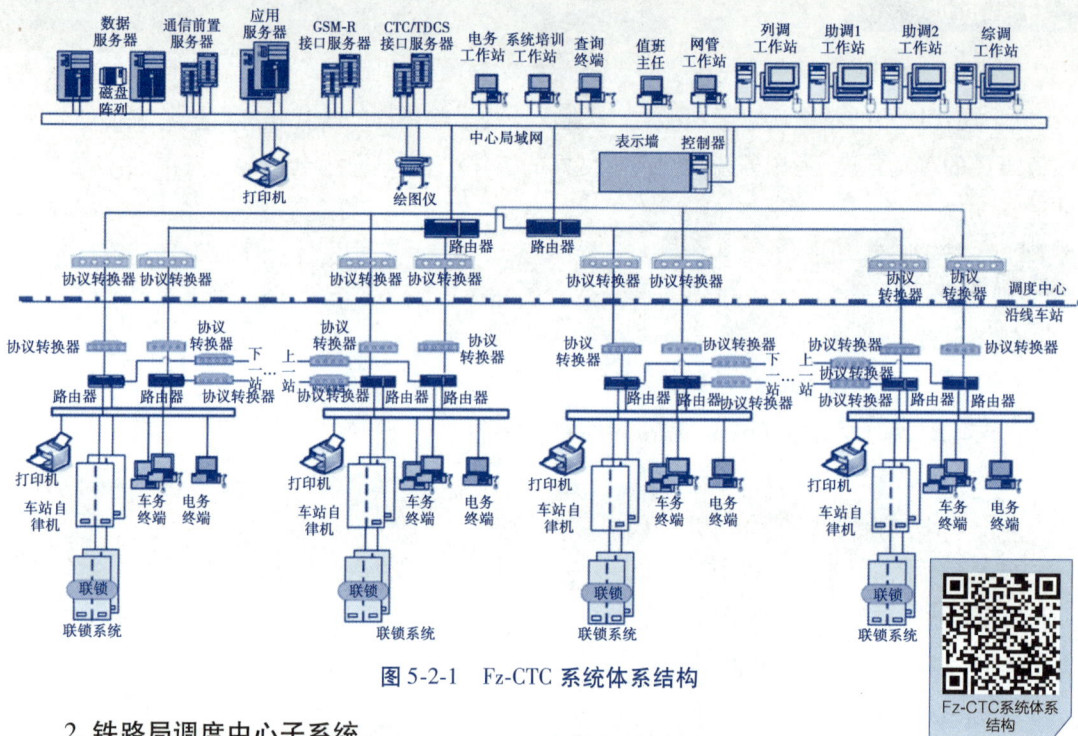

图 5-2-1　Fz-CTC 系统体系结构

2.铁路局调度中心子系统

Fz-CTC 系统的调度中心设在铁路局调度所,负责控制整个调度区段列车运行。铁路局调度中心子系统主要由服务器、工作站、大屏显示系统、打印设备、远程维护接入、TMIS 接口、局域网等设备组成。其中,服务器和工作站是核心设备。

服务器是 Fz-CTC 系统的核心,包括数据库服务器、应用服务器和通信服务器。数据库服务器为双机系统,用于存储各种重要数据,如列车运行计划、调度命令等。应用服务器采用双机热备系统,要求具有较强的数据通信和数据处理功能,用于调度中心的数据存储与数据交换,负责向所有应用工作站提供各类信息。通信服务器一般为工业级服务器,采用双机热备系统,用于调度中心与车站子系统之间的信息交换。

调度员工作站实现监控管辖区段范围内列车运行位置、指挥列车运行,为系统提供详细的会让方案。助理调度员工作站实现无人车站调车作业计划的编制调整和指挥。综合维修工作站用于设备日常维护、天窗维修、施工以及故障处理方面的登销记手续办理,并具有设置临时限速,区间、股道封锁等功能。值班主任工作站实现行车信息显示、下达调度命令、查询列车运行调整计划、查询实际运行图。计划员工作站实现列车日班计划的编制和下达。网管工作站具有诊断报警功能,提供网络拓扑图状态、通道信息流量和网络连接等信息。系统维护工作站主要提供系统设置、调试和技术支持,同时具有监视系统运行状况的功能,对系统现场设备运行情况、操作命令、报警信息进行记录、分析、回放、输出和打印,运行信息的记录能保存 30 天以上,在授权的情况下,具有远程维护与技术支持功能。

3. 车站子系统

车站子系统硬件结构如图 5-2-2 所示,主要设备包括车站自律机、车务终端、综合维修终端、电务维护终端、网络设备、电源设备、防雷设备、系统接口设备等。其中,车站自律机、车务终端、综合维修终端和电务维护终端是核心设备。

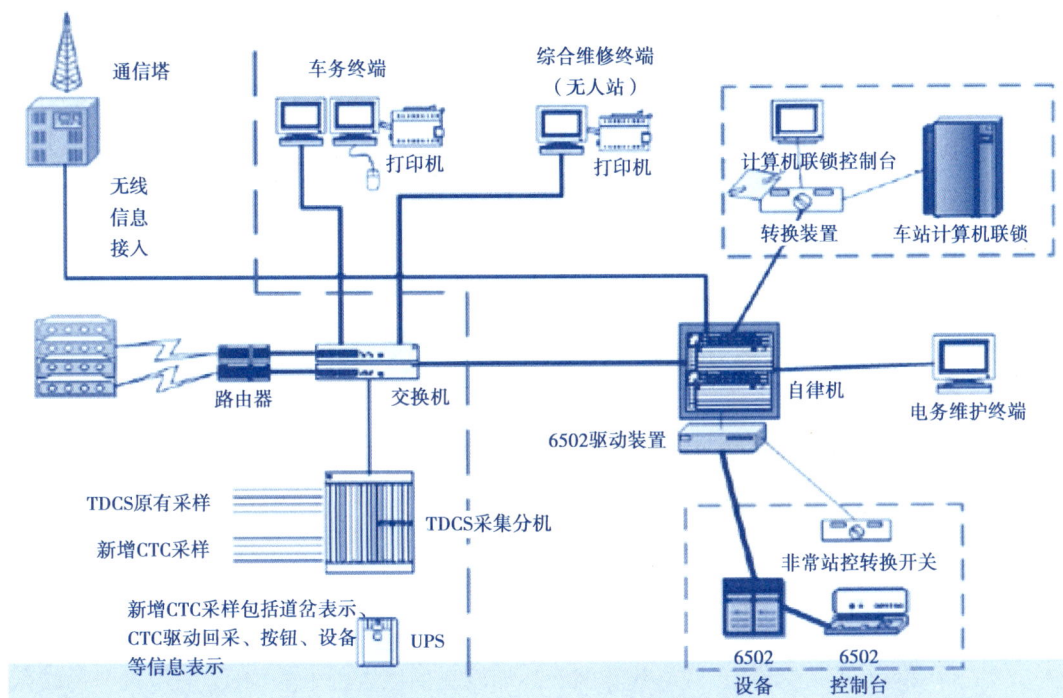

图 5-2-2　车站子系统硬件结构图

（1）车站自律机

车站自律机是 Fz-CTC 的关键设备,满足以下功能要求。接收调度中心的列车运行调整计划和车站值班员直接操作指令,经检测无冲突后适时发送给车站联锁系统执行;实时接收车站信号设备状态表示信息,进行列车车次号跟踪,收集行车运行实际数据,并上传至调度中心;掌握车站联锁系统对进路命令执行的情况,根据反馈信息对有关进路进行必要的调整;接收相邻各两站的实际运行图和设备状态信息;采用双机热备的冗余配置方式。

（2）车务终端

车务终端采用双机热备冗余配置,满足操作、显示功能的需求,单独设置的车务终端不具备列车进路办理功能。计算机联锁车站的车务终端可与联锁控显操作终端实现二合一设置,在非常站控模式下,具备所有联锁操作、显示功能。

车务终端能显示行车信息、无线车次号校核信息、调度命令；能以图表形式显示本站及相邻各站的实际运行图、列车运行调整计划等内容，具备相邻两站站间透明功能；能自动生成本站行车日志、完成调度命令签收。

（3）综合维修终端

综合维修终端用于无人车站电务、工务、供电等部门在施工、维修和抢险等情况下，与现场人员和调度中心的联系，以及设备日常维护、天窗维修、施工以及故障处理方面的登销记手续的办理。

（4）电务维护终端

电务维护终端用于监视和维护车站子系统的运行，对所有操作命令、设备运用情况、故障报警信息和车站网络运行状态等进行分类存储、查询、打印，所有记录保存 15 天以上。

车站子系统硬件
结构图

4. 通信网络子系统

CTC 系统的网络构成包括调度中心局域网、系统广域网和车站局域网三部分。

调度中心局域网的网络体系结构通常采用交叉连接的星形结构，具有很高的可靠性，当网络出现单点故障时，不影响系统的正常运行。调度中心局域网由调度中心交换机、网络线和网络终端设备的以太网卡等构成，应采用双套局域网的冗余互备机制。

系统广域网包括调度中心与车站间以及车站与车站间的广域网、调度中心与调度中心间的广域网，由路由器、协议转换器等网络通信设备和传输通道构成，传输通道应采用迂回、环状、冗余等方式提高系统广域网的可靠性，并尽可能采用具有自愈功能的双环形结构。车站间广域网采用环形通道时，每 8～15 个车站应有一条通道返回调度中心。车站间广域网、调度中心间广域网分别设立路由器。

车站局域网由车站交换机、网络线和网络终端设备的以太网卡等构成，采用双套局域网的冗余互备机制。

素质素养养成

1. Fz-CTC 系统的硬件部分由调度中心子系统、车站子系统及网络通信子系统构成，这些设备各司其职，相互配合完成系统的整体功能。读者通过学习和理解，形成良好的协作意识。

2. 系统广域网的结构应采用冗余路由方式，包括传输通道的冗余和拓扑结构的冗余，提高了数据传输的可靠性。读者应通过认识和学习，强化网络安全责任意识。

任务分组

初步按照每 4 位同学为一个小组，填写任务分组表。

任务分组表

组号			小组 LOGO	
组名				
组训				
团队成员	学号	角色指派	职责	
		组织者	任务组长,组织成员高效完成本次任务	
		演讲者	对各知识点进行解读、讲述	
		聆听者	倾听,积极参与交流,发表自己的想法	
		摄影师	拍摄记录本次任务实施过程中的关键环节	

说明:任务实施过程中,采用小组轮值制度,成员轮值担任各个角色,每位同学都可以锻炼组织管理能力、语言表达能力、聆听交流能力、拍摄记录能力。通过小组协作,实现团队合作、互帮互助、共同学习

任务实施

工作任务单

组号:＿＿＿＿　姓名:＿＿＿＿　学号:＿＿＿＿　检索号:　5-2-1

步骤引导:

1. 描述 Fz-CTC 系统的体系结构。

2. 总结铁路局调度中心子系统结构组成。

3. 总结车站子系统结构组成。

4. 总结通信网络子系统结构组成。

完成情况:

步骤	理论(简要写出)	实践(已完成则打√)
1		
2		
3		
4		

任务评价

任务评价单 1

组号：_____ 姓名：_____ 学号：_____ 检索号：__5-2-2__

个人自评表

班级		组号		日期	
评价指标	评价内容			分值	分数评定
信息检索能力	能有效利用互联网资源、图书馆资源查找有用的信息；能有效解决实际问题			10分	
感知课堂生活	熟悉信号工工作岗位，认同工作价值；在学习中能获得满足感			10分	
参与态度	组织者角色：认真思考、组织、管理			20分	
	演讲者角色：认真梳理、表达、讨论				
	聆听者角色：认真聆听、积极讨论				
	摄影师角色：认真参与、及时记录				
知识、能力获得情况	1. 能正确描述 CTC 系统的体系结构			20分	
	2. 能正确描述铁路局调度中心子系统结构组成			10分	
	3. 能正确描述车站子系统结构组成			10分	
	4. 能正确描述通信网络子系统结构组成			20分	
自评分数					
保持与发扬之处					
思考与提升之处					

任务评价单 2

组号：_____　　姓名：_____　　学号：_____　　检索号：__5-2-3__

任务名称	任务 2　识别调度集中系统结构				
评价依据	工作任务单完成情况				
序号	评价内容		分值	评分标准	分数评定
1	CTC 系统的体系结构	描述正确	20 分	缺一个要点扣 5 分	
		思路清晰	10 分	酌情评分	
2	铁路局调度中心子系统结构组成	描述正确	10 分	缺一个要点扣 2 分	
		表达流畅	5 分	酌情评分	
3	车站子系统结构组成	描述正确	10 分	缺一个要点扣 2 分	
		表达流畅	5 分	酌情评分	
4	通信网络子系统结构组成	描述正确	10 分	缺一个要点扣 2 分	
		思路清晰	10 分	酌情评分	
5	素质素养评价	沟通交流能力	20 分	酌情评分。违反课堂纪律，不听从组长、教师安排，不得分	
		团体意识			
		课堂纪律			
		合作探学			
		自主研学			
		协作意识			
		网络安全			
评价分数					

任务评价单 3

组号：_____　姓名：_____　学号：_____　检索号：__5-2-4__

总体评价表

姓名		学号		日期	
评价维度	评价主体	评价分数	比例	总分评定	
1	学生自评		40%		
2	企业导师评价		10%		
3	指导教师评价		50%		
说明：如企业导师未对该小组进行评价，则指导教师评价所占比例调整为60%					
优点					
待提升点					

任务提高

一、填空题

1. Fz-CTC 系统体系结构包括铁路局调度中心系统及（　　　　）系统两个层次。

2. Fz-CTC 系统调度中心设在（　　　　），负责控制整个调度区段列车的运行。

3. （　　　　）的功能主要是实现监控管辖区段范围内列车运行位置、指挥列车运行。

4. CTC 系统的网络构成包括调度中心局域网、系统广域网和（　　　　）等三部分。

二、判断题

（　　　）1. 助理调度员工作站，主要实现无人车站的调车作业计划的编制调整和指挥等功能。

（　　　）2. 车站电源系统一般由防雷模块、UPS 模块、各电源模块及汇流排组成。

项目六
信号集中监测系统应用

📖 项目情境

铁路信号集中监测系统 CSM (Centralized Signalling Monitoring System) 是面向高速铁路及普速铁路信号领域 (其监测范围包括联锁、闭塞、列控、TDCS/CTC、驼峰、电源屏、计轴等信号系统和设备) 的综合性维护支持和信息监控网络系统。

CSM 系统集实时数据采集、数字通信、数据处理、自动控制、多任务协调、图文显示为一体,是保证行车安全、加强信号设备及其结合部监控管理和维护支持的重要行车安全设备,是信号设备唯一的综合性维修平台。

CSM 系统能够实时、准确、可靠地监测铁路信号设备及其结合部的状态和运用质量,为铁路基层信号工日常维修维护提供了一个利用设备自动测试的工作手段,通过智能化的预警分析技术和故障诊断技术辅助并指导现场设备维护,提高电务部门维护水平和维护效率。

📖 项目导学

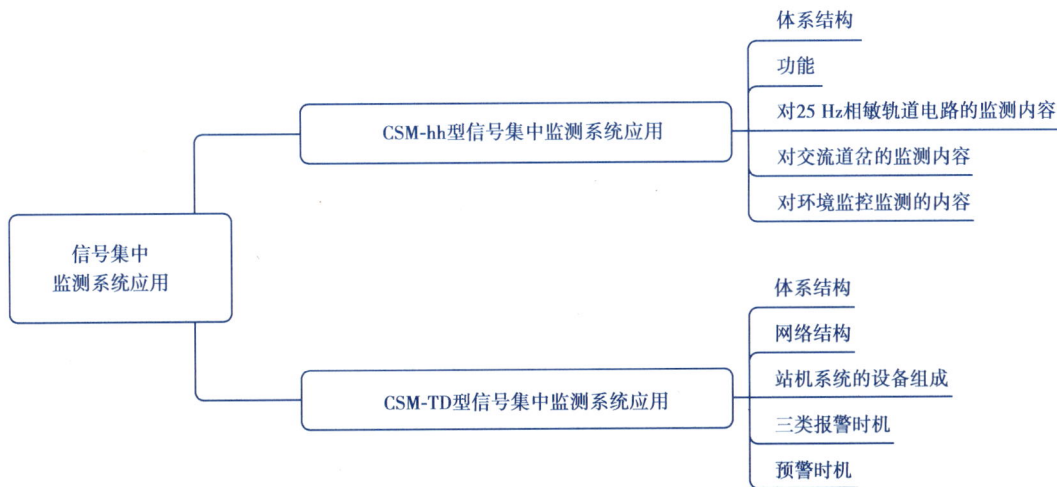

📖 项目学习指导

信号集中监测系统的应用非常广泛,包括高速铁路、普速铁路、城际铁路、地铁和轻轨等轨道交通行业的各个领域,主要功能是实现信号设备健康状态及维护信息的集中存储、安全监督、智能诊断、综合分析。在学习过程中,要以铁道信号自动控制专业整体知识为基础,熟悉各设备的技术标准,明确各数据的技术含义,对实际设备的工作状况做出准确的评估。

📖 "1+X"职业技能等级标准

轨道交通自动控制系统装备运营维护职业技能等级标准(中级):

工作领域	工作任务	职业技能要求
2. 地面控制设备运用与维护	2.3 信号集中监测设备操作	2.3.1 能按标准对设备进行检查与维护,完成机柜端子、配线安装检查、紧固等。 2.3.2 能完成设备数据导出、存储及状态回放。 2.3.3 能对设备报警信息进行分析

📖 励志人物

张国云:一生择一事,用特高压技术打造中国名片

一双手、一把量尺、一只皮锤、一个手电筒,勤学苦练,他用八年时间,练就了其他人用十几年才能达到的技能水平,把工匠精神倾注于一道道工序、一次次试验,为新疆制造业高端化、智能化、绿色化发展作出贡献。

二十余年间,张国云经手数百万米铜线和绕制零部件,无一出现绕制质量问题。看似简单的线圈绕制工作,6 000多圈导线需要层层叠加缠绕,导线位置、尺寸、紧度、间隙都有着严

格要求,每一次的锤击力度、每一个绝缘件的加放、每一条绝缘纸的包裹都不能有丝毫偏差。

张国云曾获中国机械工业科学技术奖科技进步奖、国家科学技术进步奖一等奖、"有突出贡献高技能人才""全国技术能手"等荣誉。

2024年3月,张国云被评选为2023年"大国工匠年度人物"。

📖 生产案例

高铁某站9号道岔定位无表示的故障案例

1. 故障概况

××年××月××日××时××分,××高铁××站9号道岔定位无表示。原因是9-J3接点组不良。

2. 监测数据分析

当时,车站排列进路时,9号道岔反位操定位无表示,监测数据显示9-J2、9-J3反位无表示。查看动作电流曲线,9-J2曲线在电路复原部分为二极管支路开路特征曲线,9-J3曲线动作0.5 s后呈断相特征。因9-J3几乎未动作,造成9-J2不能给回表示,判断故障位置在J3。该道岔回操动作时间近3 s,说明道岔电机有短暂转换。

3. 检查处理

初步判断该现象为断相故障,常见原因有断相保护器不良、室外接点组不良、2DQJ接点不良、电缆断线等。应急人员到室内更换断相保护器和2DQJ,更换后操动试验良好,道岔表示正常。

4. 持续盯控

试验曲线显示道岔在转换至约0.4 s时电流曲线出现异常下降尖波,分析仍存在隐患,要点反复进行操动试验,故障现象又重复出现。

指挥中心迅速组织应急人员上道进行更换接点组。更换后接点组操动试验道岔转换良好,表示正常,道岔曲线平稳。

5. 经验总结

故障处理时,不仅是设备恢复正常使用,重要的是设备电气特性各项指标恢复正常,确保故障处理彻底,避免故障重复发生。同时体现出集中监测系统在故障分析过程中的重要性。

任务 1　CSM-hh 型信号集中监测系统应用

"7·17"××铁路桥梁受损导致机车坠落事故

1.事故概况

××年 7 月 16 日夜间至 17 日,××地遭遇强降雨,造成××铁路××区段桥梁水毁、泥石流漫道、路基冲空等灾害 70 余处。17 日 1 时许,××区间的××桥遭洪水冲击受损,导致正在执行防汛巡查线路任务的机车运行至该桥时坠落至桥下,××铁路中断行车。

2.应急抢险

水害发生后,中国铁路××局集团有限公司启动应急预案,成立抢险救援队伍,调集挖掘机、装载机、吊车等大型机械和运输车辆对受损安河桥进行"拆旧+新建"施工,对其他水害处同步开展抢险工作。经过各参建单位通力配合,连续奋战 25 天,该铁路恢复通车,比原计划提前 6 天抢通。

3. 事故反思

各参建单位共同努力,为了共同的目标而集中力量,不遗余力地抢险救援,充分体现出团队成员之间的协作与配合,要求每个人都能以大局为重,将个人的力量汇聚成集体的力量,从而实现更大的成就。

任务描述

CSM 在全路大面积的推广使用,对于进一步提高信号设备的安全可靠性,强化结合部管理,改善和优化现场维修具有重要意义。河南辉煌科技股份有限公司开发的 CSM-hh 型信号集中监测系统,作为电务安全的"黑匣子",是信号维修技术的重要突破,是信号维修体制改革的重要技术支撑,是信号设备实现"状态修"的必要手段,也是信号技术向高安全、高可靠、网络化、智能化发展的重要标志之一。

任务目标

知识目标:

1. 描述 CSM-hh 型信号集中监测系统的体系结构。

2. 描述系统的功能。

3. 描述系统对 25HZ 相敏轨道电路的监测内容。

4. 描述系统对交流道岔的监测内容。

5. 描述系统对环境监控监测的内容。

技能目标:

1. 解读 CSM-hh 型信号集中监测系统的体系结构。

2. 识别系统对交流道岔监测的设备。

素养目标:

1. 养成与时俱进的创新精神。

2. 养成精益求精的工匠精神。

任务分析

重点:

1. CSM-hh 型信号集中监测系统的体系结构。

2. CSM-hh 型信号集中监测系统功能。

3. 系统对 25HZ 相敏轨道电路的监测内容。

4. 系统对交流道岔的监测内容。

难点:

1. CSM-hh 型信号集中监测系统的体系结构。

2. CSM-hh 型信号集中监测系统对交流道岔的监测内容。

任务基础

1. 体系结构

CSM-hh 系统以信号设备维护为核心,以站、段为基础,实行铁路总公司、铁路局、电务段三级体系结构,如图 6-1-1 所示。根据系统配置的层次结构和数据通信的网络结构,将系统划分为铁路总公司子系统、铁路局子系统、电务段子系统和车站子系统 4 层。

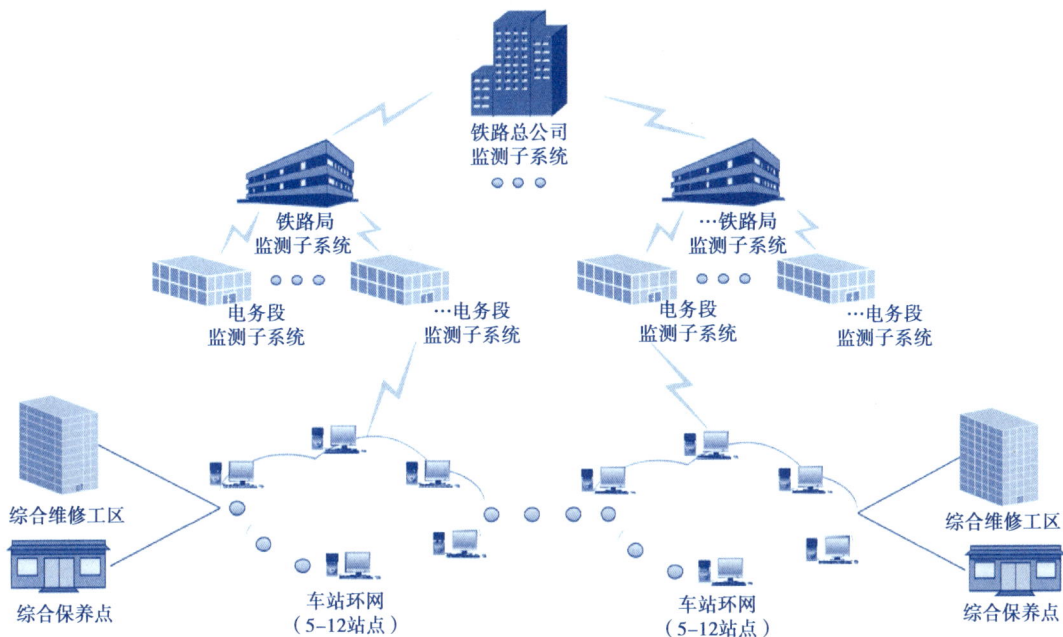

图 6-1-1　CSM 三级体系结构

（1）中心系统

①铁路总公司中心。

铁路总公司中心由高性能、高可靠性的计算机网络体系构成,其中包括通信管理机和监测终端,其逻辑连接图如图 6-1-2 所示。

CSM-hh 系统铁路总公司中心机房部署 2 台通信管理机、1 台监测终端、1 台入侵监测系统、2 台核心交换机、1 台硬件防火墙、1 台 3 层接入交换机以及相应的协议转换器等。

②铁路局中心。

CSM-hh 系统铁路局中心由应用服务器、监测终端、维护工作站三大部分组成。铁路局子系统经不小于 2M 的专用线路与电务段子系统、相邻铁路局子系统、铁路总公司子系统相连,其逻辑连接如图 6-1-3 所示。

CSM-hh 系统铁路局中心机房部署 2 台应用服务器、1 台监测终端、1 台维护工作站、1 台入侵监测系统、2 台核心交换机、1 台硬件防火墙以及相应的协议转换器等。

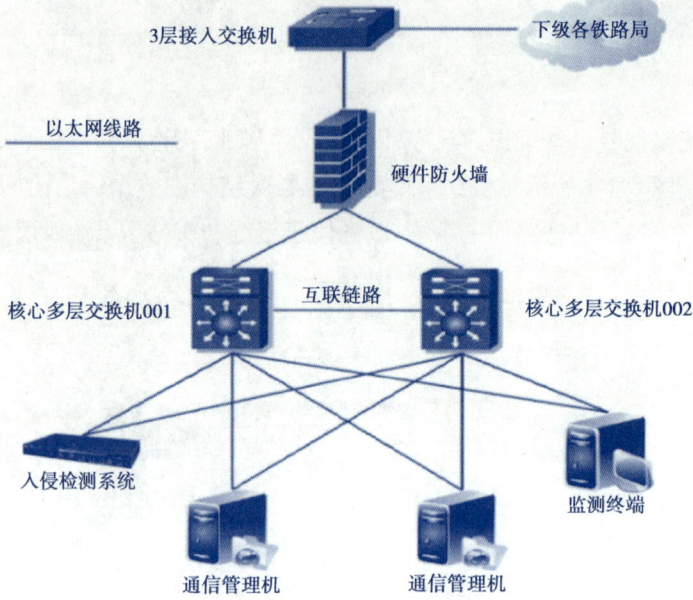

图 6-1-2　铁路总公司中心逻辑连接图

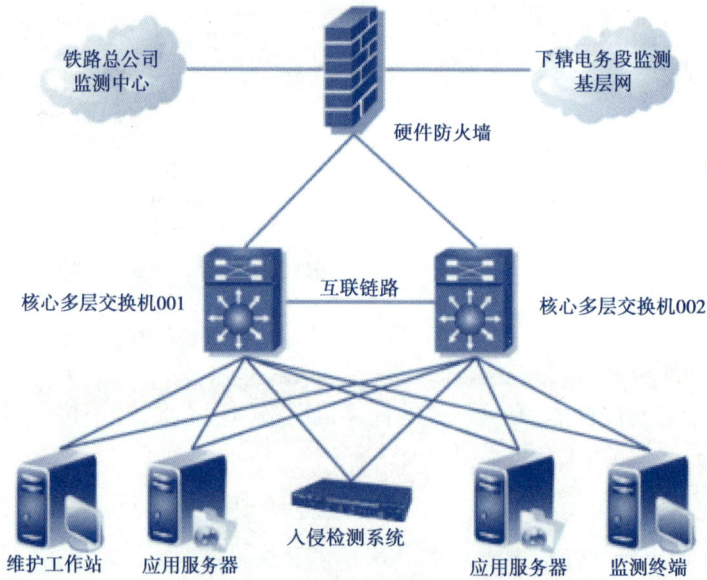

图 6-1-3　铁路局中心逻辑连接图

③电务段中心。

电务段中心(标准版)由服务器组、网络设备、安全设备、电源设备以及终端工作站组成。电务段子系统,经过不低于 2M 带宽的专用线路与铁路局子系统、监测基层网相连,其逻辑连接如图 6-1-4 所示。

CSM-hh 系统电务段中心(标准版)部署 2 台核心交换机、2 台核心路由器、1 台接入交换机、2 台数据库服务器、2 台应用服务器、2 台通信前置机、1 台光存储阵列、2 台网管服务器、1 台 Web 服务器、1 台时钟服务器、1 台防病毒服务器、1 台入侵检测系统、1 台硬件防火墙、若干台监测终端、1 台维护工作站、1 台网管终端以及相应的协议转换器、网络设备接口卡等。

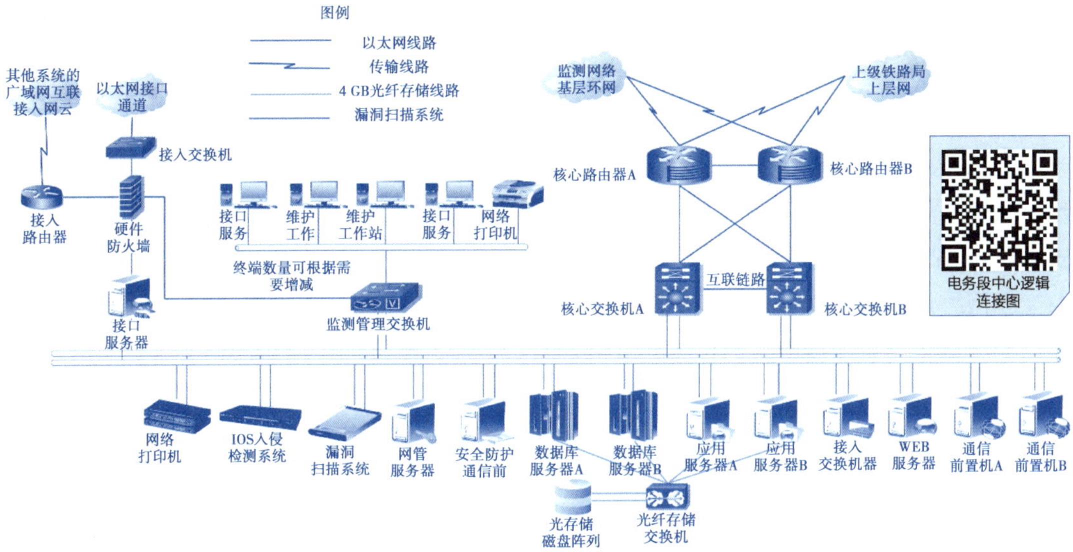

电务段中心逻辑连接图

图 6-1-4　电务段中心逻辑连接图

(2)车站系统结构

车站监测子系统主要由车站站机、采集机和网络设备三部分组成,其逻辑结构图如图 6-1-5 所示。

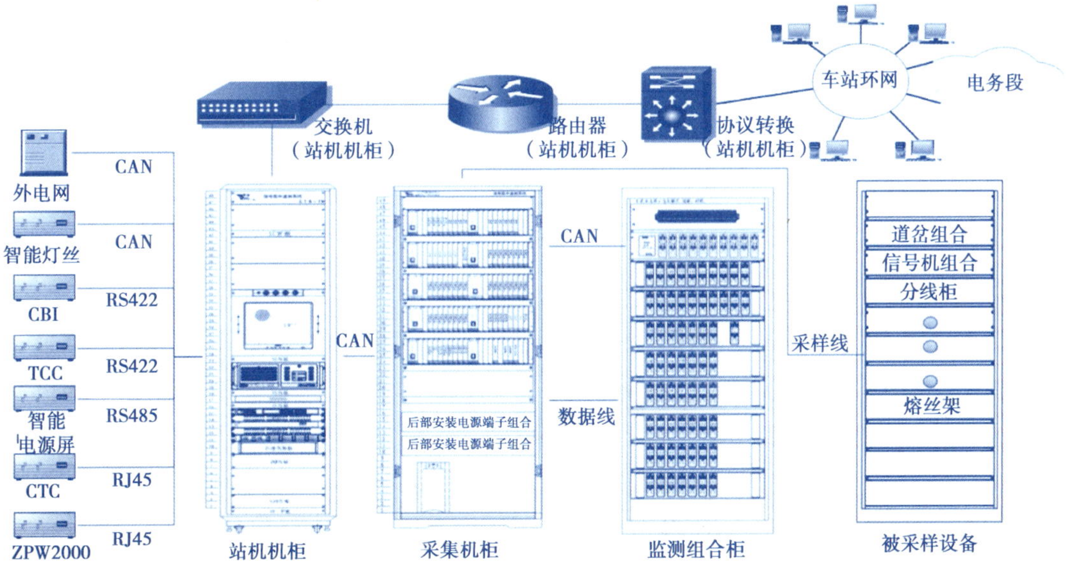

图 6-1-5　车站监测子系统逻辑结构图

车站监测子系统逻辑结构图

①站机。

站机完成所有采集机原始数据的收集、存储,从其他系统(微机联锁、智能电源屏、智能灯丝监测系统等)接收信息,完成实时监测、故障分析、诊断和人机对话,处理数据(分类形成图表)、存储数据、查看数据、网络传输数据等。

②采集机。

采集机在线采集各种信号设备的质量数据和状态数据并对采集数据进行预处理的设备,主要指采集板、采集器、采集模块、采集单元等。

③采集隔离。

采集隔离用于采集板与信号设备的分界面,并对直接从信号设备上引入的模拟量信号进行衰耗隔离防护处理。根据车站具体情况,部分车站为组合柜中接口隔离衰耗组合层形式,部分车站为组匣后部隔离衰耗形式。

④网络设备。

网络设备用于连接网络的设备或对引入的232/485接口进行隔离的设备,如交换机、串口隔离器等。

(3)广域网

CSM-hh系统通过广域网把车站系统、电务段系统及上层网络连接起来,如图6-1-6所示。车站内部联网设备包括交换机、路由器,边界联网设备为协议转换器。系统设置在信号机械室,与通信机械室之间的通道为光纤通路。

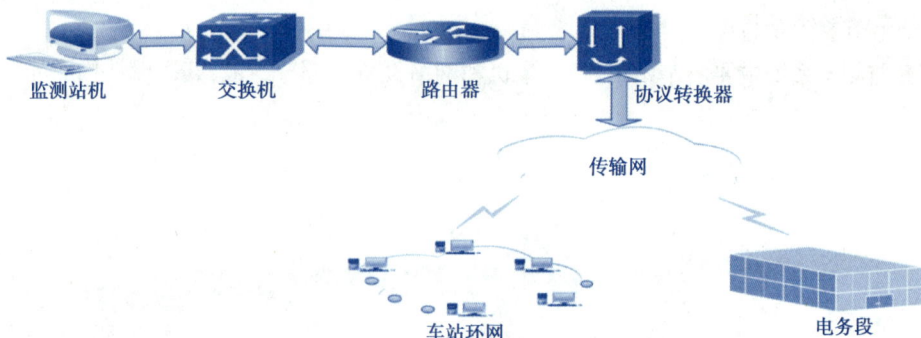

图 6-1-6　广域网连接示意图

2. 系统功能

CSM-hh系统通过采集设备对道岔、轨道、信号机、电源屏等信号设备的状态信息和报警信息进行采集分析,通过接口对智能设备(如 ZPW-2000A、列控中心等)的状态信息和报警信息进行采集分析,同时利用计算机的高速信息处理能力,实现全站信号设备的维护诊断功能。

CSM-hh系统可实现24 h不间断监测信号设备的运行状态和质量特性,当电气性能偏离预定界限时及时报警,通过系统的逻辑处理,实现设备预警分析和报警分析;系统全面掌握信号设备的整体运行状况,掌握故障发生时的瞬态、固态信息,为快速指引处理故障、降低故障延时提供必需的技术手段;通过对采集信息的全面处理,记忆、存储信号设备的运行过程,并通过逻辑智能判断,捕捉瞬间故障和间歇故障,克服信号设备维护的"疑难杂症",为事故排查分析提供重要的手段和依据。

3. 25 Hz 相敏轨道电路监测

监测内容包括轨道接受端电压、相位角。监测对象为交流二元继电器端、局部电压输入端、相敏轨道电路电子接收器端。监测原理是通过实时监测轨道接受端电压值和相位角的变化,反映轨道电路调整状态和分路状态的工作情况。

4. 交流道岔监测

(1)监测内容

监测内容包括动作电流曲线、动作功率曲线、1DQJ 状态、定位/反位表示。

在道岔动作电流与功率的监测过程中,三相交流转辙机在组合选取动作电路回线,三相交流转辙机电流/功率采取样模块就近安装在提速组合的断相保护器 DBQ 后面。I_a、I_b、I_c三相动作线分别对应穿入 3 个孔(图 6-1-7)。动作电压 U_a、U_b、U_c 的采集,分别与 I_a、I_b、I_c 三相动作线相对应,分别接 DBQ 的 A、B、C 三相电压的对应端子。

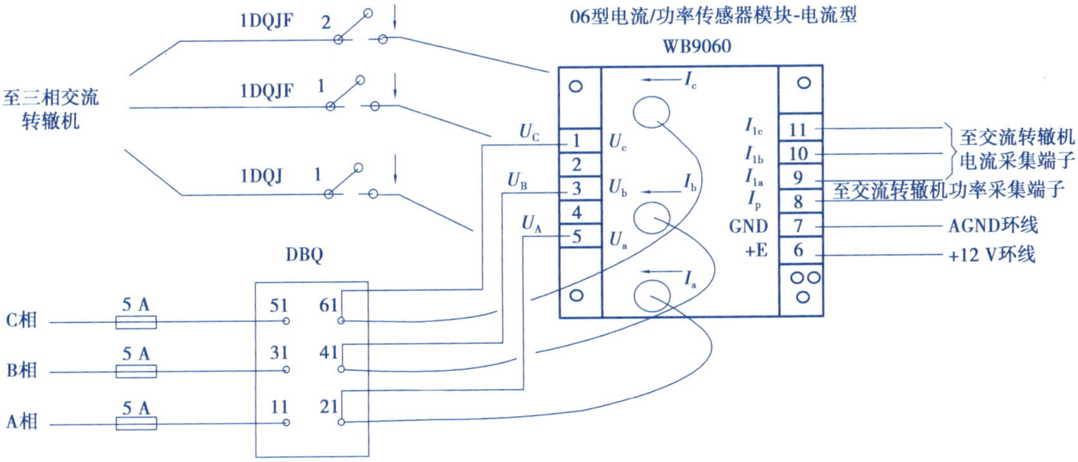

图 6-1-7　三相交流转辙机电流/功率采取样模块

在 1DQJ 和定位/反位表示监测过程中,道岔采集机通过采集 1DQJ 的落下接点状态来监测道岔转换起止时间,采用接点状态采集器对 1DQJ 半组空接点进行采集。道岔定位/反位状态监测,采用采集道岔组合空接点的方式。

(2)监测原理

对道岔电流的测试,采用穿心感应式电流传感器(图 6-1-8),可监测 10 A 以内各种波形的直流电流。这种传感器采用了线性双补偿霍尔原理,隔离彻底、响应快、耐冲击,0～100 mA 电流源通过取样电阻输出 0～3 V 标准电压。运用中常有几组道岔同时动作,为区分每台转辙机的工作状态和动作电流,保证实时监测,采集系统要求在每组道岔的动作回路中均串入该传感器。

图 6-1-8　穿心感应式电流传感器实物

5.信号机点灯回路电流监测

监测内容为列车信号机的灯丝继电器(DJ、2DJ)工作电流,监测点在信号机用继电器组合。对于列车信号机点灯回路电流的监测,采用 2X 采集模块采集,模块本身分为单孔与双孔两种。采集模块将采集的模拟量信号送至点灯电流采集板,经采集板处理后上送站机。

6.环境监控监测

监测内容包括信号机械室、电源屏室、微机室环境温度、湿度和民用空调监测,监测点设在信号机械室、电源屏室、微机室。监测原理是将温湿度传感器放置监测点,传感器输出 4~20 mA 模拟量信号,采集板处理后上送站机。空调监控器通过传感器和自身采集板卡采集空调的电流、电压和功率等信息,处理完毕后上送站机,同时站机可下发控制命令控制空调。

素质素养养成

1.随着铁路建设规模的不断扩大以及计算机技术、网络技术、电子信息技术的不断发展,信号集中监测系统作为电务维修的综合平台设备,将向综合化、智能化、网络化、专家系统方向不断完善和发展。读者通过深入认识和仔细学习,感受新技术带来的新变革,养成与时俱进的创新精神。

2.CSM-hh 系统采集到现场设备的状态信息,通过数据分析,对设备的当前工作状态作出评估。每一个采集数据都不能出现错误,任何一处小小的错误都会造成对设备工作状态的误判,可能会错过最佳的维护时机,甚至造成严重后果。读者在认真学习和仔细分析的过程中,应养成精益求精的工匠精神。

任务分组

初步按照每4位同学为一个小组,填写任务分组表。

任务分组表

组号			小组 LOGO	
组名				
组训				
团队成员	学号	角色指派	职责	
		组织者	任务组长,组织成员高效完成本次任务	
		演讲者	对各知识点进行解读、讲述	
		聆听者	倾听,积极参与交流,发表自己的想法	
		摄影师	拍摄记录本次任务实施过程中的关键环节	

说明:任务实施过程中,采用小组轮值制度,成员轮值担任各个角色,每位同学都可以锻炼组织管理能力、语言表达能力、聆听交流能力、拍摄记录能力。通过小组协作,实现团队合作、互帮互助、共同学习

任务实施

工作任务单

组号:_____　姓名:_____　学号:_____　检索号:____6-1-1____

步骤引导:

1. 解读 CSM-hh 型信号集中监测系统的体系结构。

2. 描述系统对 25 Hz 相敏轨道电路的监测内容。

3. 描述系统对交流道岔的监测内容。

4. 描述系统对环境监控监测的内容。

完成情况:

步骤	理论(简要写出)	实践(已完成则打√)
1		
2		
3		
4		

任务评价

任务评价单1

组号：_____ 姓名：_____ 学号：_____ 检索号：_6-1-2_

个人自评表

班级			组号		日期	
评价指标	评价内容				分值	分数评定
信息检索能力	能有效利用互联网资源、图书馆资源查找有用的信息；能有效解决实际问题				10分	
感知课堂生活	熟悉信号工工作岗位，认同工作价值；在学习中能获得满足感				10分	
参与态度	组织者角色：认真思考、组织、管理				20分	
	演讲者角色：认真梳理、表达、讨论					
	聆听者角色：认真聆听、积极讨论					
	摄影师角色：认真参与、及时记录					
知识、能力获得情况	1. 能正确描述 CSM-hh 型信号集中监测系统的体系结构				20分	
	2. 能说出系统的功能				10分	
	3. 能正确描述对 25 Hz 相敏轨道电路的监测内容				10分	
	4. 能正确描述对交流道岔的监测内容				10分	
	5. 对环境进行监控、监测的内容				10分	
自评分数						
保持与发扬之处						
思考与提升之处						

任务评价单2

组号：_____ 姓名：_____ 学号：_____ 检索号：__6-1-3__

指导教师评价表

任务名称	任务1 CSM-hh 型信号集中监测系统应用				
评价依据	工作任务单完成情况				
序号	评价内容		分值	评分标准	分数评定
1	系统的体系结构	描述正确	20分	缺一个要点扣5分	
		思路清晰	10分	酌情评分	
2	系统的功能	描述正确	10分	缺一个要点扣5分	
		思路清晰	5分	酌情评分	
3	对25 Hz 相敏轨道电路的监测内容	描述正确	5分	缺一个要点扣1分	
		表达流畅	5分	酌情评分	
4	对交流道岔的监测内容	描述正确	10分	缺一个要点扣1分	
		思路清晰	5分	酌情评分	
5	对环境进行监控、监测的内容	描述正确	5分	缺一个要点扣1分	
		表达流畅	5分	酌情评分	
6	素质素养评价	沟通交流能力	20分	酌情评分。违反课堂纪律,不听从组长、教师安排,不得分	
		团体意识			
		课堂纪律			
		合作探学			
		自主研学			
		创新精神			
		严谨细致			
评价分数					

任务评价单3

组号：_____ 姓名：_____ 学号：_____ 检索号：__6-1-4__

总体评价表

姓名		学号		日期	
评价维度	评价主体	评价分数	比例	总分评定	
1	学生自评		40%		
2	企业导师评价		10%		
3	指导教师评价		50%		
说明：如企业导师未对该小组进行评价，则指导教师评价所占比例调整为60%					
优点					
待提升点					

任务提高

一、填空题

1. CSM-hh 型信号集中监测系统是由河南(   )科技股份有限公司开发的。

2. CSM 是以信号设备维护为核心，以站、段为基础，实行铁路总公司、铁路局、(   )三级体系结构。

3. CSM-hh 车站监测子系统主要由车站站机、(   )和网络设备三部分组成。

4. 对道岔电流的测试，采用穿心感应式(   )，可监测 10A 以内各种波形的直流电流。

二、判断题

(   )1. CSM 铁路局中心由应用服务器、监测终端、维护工作站三大部分组成。

(   )2. CSM-hh 系统可实现 24 h 不间断地监测信号设备的运行状态和质量特性。

任务2　CSM-TD 型信号集中监测系统应用

我国无人驾驶重载列车首试成功

1. 案例概况

2024 年 9 月 26 日，一列无人驾驶万吨重载列车首次在朔黄铁路完成开行试验，这标志着我国重载铁路实现了从自动驾驶到无人驾驶的新突破，对推动重载铁路智能化发展具有重大意义。

2. 案例创新

2024 年 9 月 26 日上午 8:30，试验列车从朔黄铁路黄骅南站出发，经过两个半小时运行，顺利抵达东营西站，全程运行平稳，精准停靠在指定位置。此次试验的无人驾驶重载列车共 108 节，全长约 1.3 km，总重达 10 800 t，从关键技术到管控模式都实现了自主可控。本次无人驾驶重载列车试验实现了自动驾驶、智能运维、调度集控的"车、地、网"全系统升级，通过远程操控台实时智能监测列车的运行状态，实现列车"动、静、变"全要素管控。

在试验过程中,有 3 项技术填补了相关领域的国内空白,实现了"列车驾驶无人化、车站管控无人化"。

3.案例预期

无人驾驶技术批量推广应用后,预期列车平均运行时速提高 1.7 km,平均牵引能耗降低2.9%,将大幅提高我国西煤东运的运输效率。

任务描述

CSM-TD 型信号集中监测系统是上海铁大电信科技股份有限公司推出的新一代集中监测系统。硬件采用目前成熟、先进的单片机技术,实现了每块采集板件上都具有独立的 CPU处理器来计算、判断、分析并暂存自己板件所采集的相关信息,实现了采集模拟量信息的板件在工厂使用标准波形的电压和电流的精确整定,提高了信号处理的精准性和实时性;板件具有自诊断和报警功能,便于维护。系统软件采用模块化设计并汲取了当前流行的人机界面风格,对信息的存储、显示、报警、预警和故障诊断等功能都进行了彻底的改进和优化,系统可以实现多窗口同时打开操作,具有信息搜索引擎、曲线任意放大调阅等人性化、网络化功能。

任务目标

知识目标:

1. 描述 CSM-TD 型信号集中监测系统的体系结构。

2. 描述 CSM-TD 型信号集中监测系统的网络结构。

3. 描述站机系统的设备组成。

4. 总结系统三类报警和预警的时机。

技能目标:

1. 解读 CSM-TD 型信号集中监测系统的体系结构。

2. 解读 CSM-TD 型信号集中监测系统的网络结构。

3. 展示说明系统三类报警和预警的时机。

素养目标:

1. 形成良好的团体意识。

2. 增强网络安全防范意识。

任务分析

重点:

1. CSM-TD 型信号集中监测系统的体系结构。

2. CSM-TD 型信号集中监测系统的网络结构。

3. 站机系统的设备组成。

4. 系统三类报警和预警的时机。

难点：

1. CSM-TD 型信号集中监测系统的网络结构。

2. 系统三类报警和预警的时机。

任务基础

1. 体系结构

CSM-TD 系统包括系统配置的层次结构和数据通信的网络结构，层次结构为"三级四层"结构。三级为铁路总公司、铁路局、电务段。四层为铁路总公司电务监测中心、铁路局电务监测中心、电务段监测中心、车站监测网。

2. 网络结构

CSM-TD 系统的网络结构如图 6-2-1 所示，分为车站、车间（工区）与电务段之间的通信基层网和电务段对铁路局、铁路总公司的上层网。基层网和上层网之间互联互通，确保新建线路车站监测信息接入既有电务段、铁路局监测系统中。

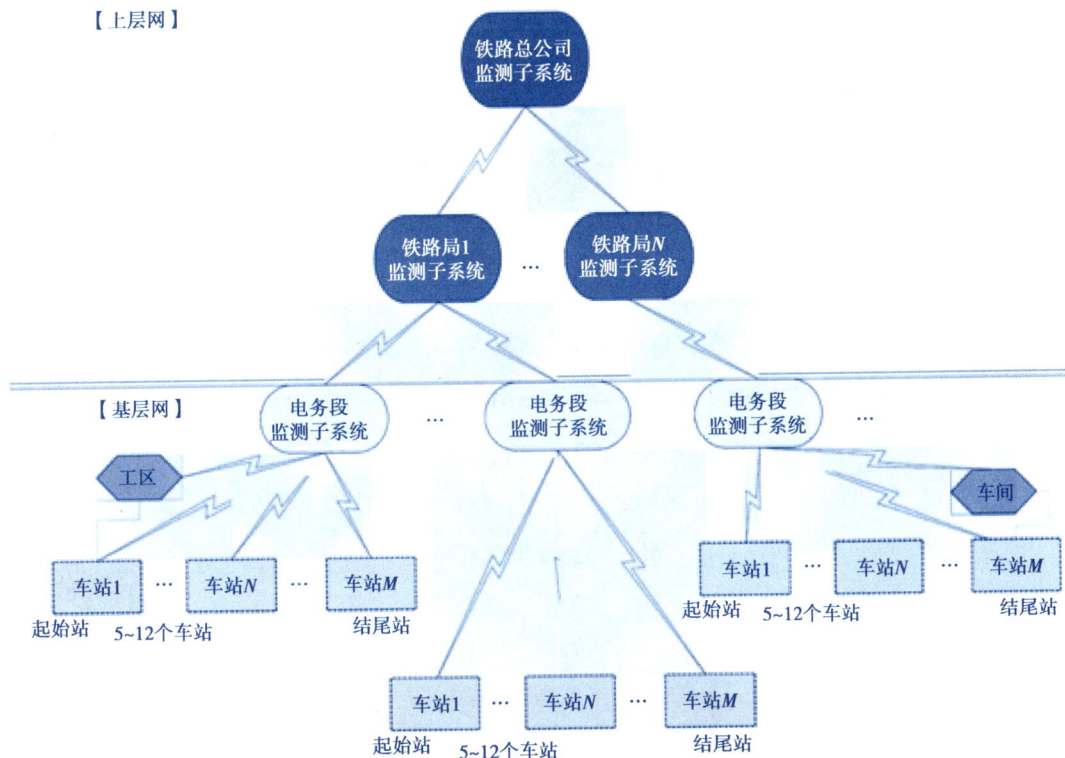

图 6-2-1　监测系统的网络结构

基层网络采用 2M 专用数字通道组成环形网络，采用冗余措施提高网络可靠性。电务段、铁路局、铁路总公司集中监测子系统路由器、交换机、以太网适配器及网络线等关键网络设备或部件均采用双套冗余设备。

车站的路由器、交换机、以太网适配器以及网络线等网络设备或部件采用单套配置;车站通信机械室至信号机械室采用光纤通道和光接口设备连接。基层网络采用环形通道组网,基层广域网通道的汇聚节点分别接入电务段路由器,同一环路中首尾两条通道汇聚节点分别接入电务段互为冗余的双套路由器,区域汇聚节点可考虑双套路由器负载均衡。各车站局域网采用环形方式组网,每 5 ~ 12 个车站组成一个环路,以 2 M 通道同电务段星形连接,环内车站数量可结合通信网络传输系统节点情况确定。

3.站机系统结构

站机系统结构如图 6-2-2 所示,硬件系统负责数据的采集、分类和处理,包括站机、采集分机、隔离转换单元以及网络设备等。

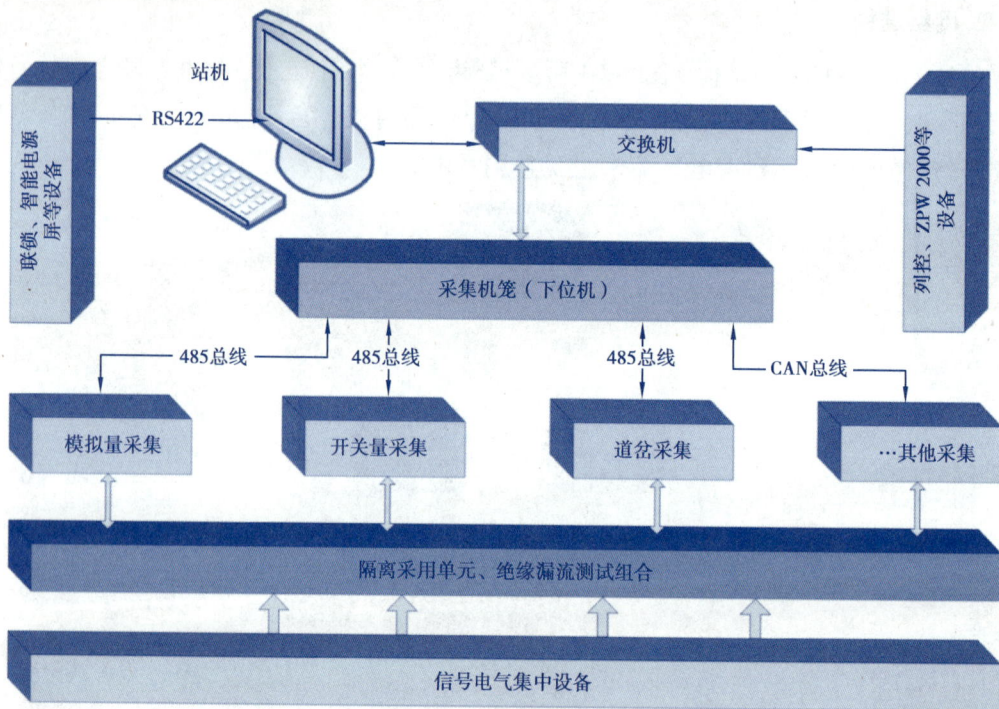

图 6-2-2 站机系统结构

4.站机系统智能采集模块

站机系统智能采集模块如图 6-2-3 所示。

（a）道岔表示电压智能采集模块：用于采集
交流道岔表示电压、直流道岔表示电压

（b）轨道电压相位智能采集模块：用于
采集站内轨道电路的电压、相位

（c）站联电压智能采集模块：用于
采集站间联系电压

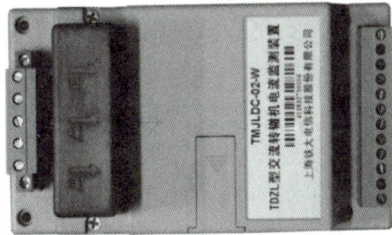

（d）道岔电流功率采集模块：用于
采集道岔启动电流、道岔功率

（e）外电网采集模块：用于采集外电网输入
电压、电流、功率、频率、相位等

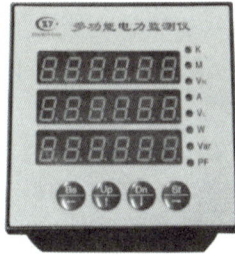

（f）绝缘漏流测试模块：用于采集
电缆绝缘、电源漏泄电流

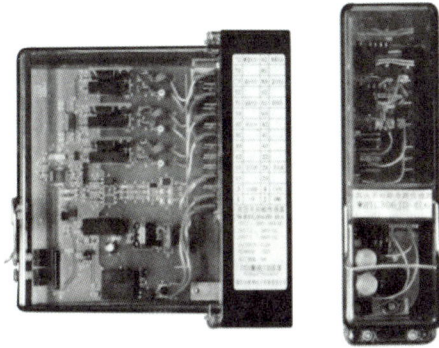

（g）高压不对称测试模块：用于采集高压
脉冲轨道电路电压、波形周期、波形曲线

图 6-2-3　智能采集模块

5.报警

CSM-TD 系统根据设备故障性质产生三类报警和预警。

（1）一级报警

涉及行车安全的信息报警,如挤岔报警、列车信号非正常关闭报警、火灾报警等。报警方式为声光报警,人工确认后停止报警,并通过网络上传到各级终端。

（2）二级报警

影响行车或设备正常工作的信息报警,如外电网输入电源断相报警、电源屏输出断电报警、主灯丝断丝报警、转辙机表示缺口报警、道岔无表示报警等。报警方式为声光报警,报警后延时适当时间自动停报,并通过网络上传到各级终端。

（3）三级报警

电气特性超限或其他报警,如轨道长期占用报警(暂按占用超过 72 h 后报警)、与其他系统通信接口故障报警等。报警方式为红灯显示报警,电气特性恢复正常后自动停报,可通过网络上传到车间/工区终端。

（4）预警

根据电气特性变化趋势,设备状态及运用趋势等进行逻辑判断并预警,如各种设备模拟量变化趋势、突变、异常波动预警等。报警方式为蓝灯显示报警,可通过网络上传到车间/工区终端。

素质素养养成

1. CSM-TD 系统的层次结构为铁路总公司、铁路局、电务段三级,铁路总公司电务监测中心、铁路局电务监测中心、电务段监测中心、车站监测网4层。这些设备各司其职,相互配合完成 CSM 系统的整体功能,读者通过学习、认识和思考,形成良好的团体意识。

2. CSM-TD 系统基层网络采用 2M 专用数字通道组成环形网络,并采用冗余措施提高网络可靠性,读者通过对冗余技术的认识和学习,增强网络安全防范意识。

任务分组

初步按照每 4 位同学为一个小组,填写任务分组表。

任务分组表

组号			小组 LOGO	
组名				
组训				
团队成员	学号	角色指派	职责	
		组织者	任务组长,组织成员高效完成本次任务	
		演讲者	对各知识点进行解读、讲述	
		聆听者	倾听,积极参与交流,发表自己的想法	
		摄影师	拍摄记录本次任务实施过程中的关键环节	
说明:任务实施过程中,采用小组轮值制度,成员轮值担任各个角色,每位同学都可以锻炼组织管理能力、语言表达能力、聆听交流能力、拍摄记录能力。通过小组协作,实现团队合作、互帮互助、共同学习				

任务实施

工作任务单

组号：_____　　姓名：_____　　学号：_____　　检索号：__6-2-1__

步骤引导：

1. 描述 CSM-TD 型信号集中监测系统的体系结构。

2. 描述 CSM-TD 型信号集中监测系统的网络结构。

3. 描述站机系统的设备组成。

4. 总结系统三类报警和预警的时机。

完成情况：

步骤	理论（简要写出）	实践（已完成则打√）
1		
2		
3		
4		

任务评价

任务评价单1

组号：_____ 姓名：_____ 学号：_____ 检索号：6-2-2

个人自评表

班级		组号		日期	
评价指标	评价内容			分值	分数评定
信息检索能力	能有效利用互联网资源、图书馆资源查找有用的信息；能有效解决实际问题			10 分	
感知课堂生活	熟悉信号工工作岗位，认同工作价值；在学习中能获得满足感			10 分	
参与态度	组织者角色:认真思考、组织、管理			20 分	
	演讲者角色:认真梳理、表达、讨论				
	聆听者角色:认真聆听、积极讨论				
	摄影师角色:认真参与、及时记录				
知识、能力获得情况	1. 能正确描述 CSM-TD 型信号集中监测系统的体系结构			20 分	
	2. 能正确描述系统的网络结构			10 分	
	3. 能正确描述系统的设备组成			10 分	
	4. 能说出系统三类报警和预警的时机			20 分	
自评分数					
保持与发扬之处					
思考与提升之处					

任务评价单 2

组号：_____　　姓名：_____　　学号：_____　　检索号：__6-2-3__

指导教师评价表

任务名称	任务 2　CSM-TD 型信号集中监测系统应用				
评价依据	工作任务单完成情况				
序号	评价内容		分值	评分标准	分数评定
1	CSM-TD 系统体系结构	描述正确	10 分	缺一个要点扣 2 分	
		思路清晰	10 分	酌情评分	
2	系统的网络结构	描述正确	10 分	缺一个要点扣 2 分	
		表达流畅	5 分	酌情评分	
3	系统的设备组成	描述正确	10 分	缺一个要点扣 5 分	
		表达流畅	5 分	酌情评分	
4	三类报警和预警的时机	描述正确	20 分	缺一个要点扣 5 分	
		思路清晰	10 分	酌情评分	
5	素质素养评价	沟通交流能力	20 分	酌情评分。违反课堂纪律,不听从组长、教师安排,不得分	
		团体意识			
		课堂纪律			
		合作探学			
		自主研学			
		团体意识			
		网络安全			
评价分数					

任务评价单 3

组号：_____　姓名：_____　学号：_____　检索号：　6-2-4

总体评价表

姓名		学号		日期	
评价维度	评价主体	评价分数	比例	总分评定	
1	学生自评		40%		
2	企业导师评价		10%		
3	指导教师评价		50%		
说明：如企业导师未对该小组进行评价，则指导教师评价所占比例调整为60%					
优点					
待提升点					

任务提高

一、填空题

1. CSM-TD 型信号集中监测系统是(　　　　　)科技股份有限公司推出的新一代微机监测系统。

2. CSM-TD 型信号集中监测系统的层次结构为(　　　　)结构。

3. CSM-TD 型信号集中监测系统基层网和上层网之间应互联互通，确保新建线路车站监测信息接入既有电务段、铁路局(　　　　)系统中。

4. 挤岔报警属于(　　　　)级报警，报警方式为声光报警，人工确认后停止报警，并通过网络上传到各级终端。

二、判断题

(　　　)1. 列车信号主灯丝断丝报警属于二级报警，报警方式为声光报警，报警后延时适当时间自动停报，并通过网络上传到各级终端。

(　　　)2. 道岔无表示报警属于二级报警，报警方式为声光报警，报警后延时适当时间自动停报，并通过网络上传到各级终端。

参考文献

［1］林瑜筠.铁路信号基础［M］.4 版.北京:中国铁道出版社有限公司,2024.

［2］秦武,侯启同.铁道信号设备故障分析与处理［M］.北京:北京交通大学出版社,2020.

［3］龚俊维,陈果,金玉婷.铁道信号自动控制实训指导:(一)基础设备［M］.成都:西南交通大学出版社,2023.

［4］肖尚辉.信号与系统应用分析［M］.北京:科学出版社,2015.

［5］李开成.现代铁路信号中的通信技术［M］.2 版.北京:中国铁道出版社有限公司,2023.

［6］敬军,李宽.高速铁路基础设备综合维护［M］.北京:北京交通大学出版社,2023.

［7］黄永胜,陈发年.高速铁路综合维修一体化作业实用手册［M］.北京:中国铁道出版社有限公司,2024.

［8］王同军.智能高速铁路技术创新与实践［M］.北京:中国铁道出版社有限公司,2024.